AF548544

Gómez Dávila

Scholien

Nicolás Gómez Dávila

Scholien

Ein Nachtrag

Karolinger Verlag
Wien und Leipzig

Gesamtherstellung:
Druckerei Theiss GmbH, St. Stefan im Lavantthale

Satz:
Ecotext-Verlag, Mag. G. Schneeweiß-Arnoldstein, Wien

Einband:
Laura Weiß

ISBN 978 3 85418 160 6

Inhalt

Vorbemerkung
7

Nicolás Gómez Dávila:

Verschollene Scholien
9
Nachgetragene Scholien
21
Salomon
41

Anhang

Michaël Rabier
Die Biblioteca Gomezdaviliana:
Bibliographische Quellen des Denkens des
Nícolas Gómez Dávila
43

Gesamt-Personenverzeichnis zu den Scholien
65

Vorbemerkung

Verschollene Scholien (Escolios desaparecidos)
Die erste Gruppe dieser hier erstmals auf Deutsch vorgelegten Aphorismen von Gómez Dávila stammt aus der Zeitschrift *Mito* (Bogotá, Band 1, Nr. 4, Oktober/November 1955, S. 211–217). Es ist die erste Veröffentlichung von Aphorismen des Autors, die er noch nicht als Scholien, sondern mit *Notas* bezeichnete, so wie er auch 1954 sein auf Initiative seines Bruders Ignacio in Mexiko im Eigenverlag erschienene Buch *Notas I* nannte. Hernando Téllez, der auch die Veröffentlichung in der Zeitschrift angeregt hatte, präsentierte diese auch als *Notas II.* Diese Scholien finden sich später nur zum Teil, allerdings stilistisch stark überarbeitet und variiert, in den *Escolios a un texto implícito* (deutsch: Scholien zu einem inbegriffenen Text, Wien 2006, Karolinger).

Die zweite Gruppe wurde 1979 in der Bogotaner Monatsschrift *Eco* (Nr. 210, April 1979, S. 661–574, Nr. 256, Februar 1983, S. 407–414) abgedruckt. Der Chefredakteur Gustavo Cobo Borda war mit Dávila befreundet und hatte 1977 die Herausgabe der *Escolios a un texto implícito* angeregt. Er hatte bereits im Juni 1961 Auszüge aus Dávilas *Textos* (deutsch: Texte, Wien 2003, Karolinger) in der Zeitschrift veröffentlicht, die Karl Buchholz gegründet hatte, der Inhaber der gleichnamigen Buchhandlung, die Dávila häufig besuchte. Ein Teil dieser Scholien wurde in die Ausgabe der 1986 erschienenen *Nuevos Escolios a un texto implícito* (deutsch: Auf verlorenem Posten, Wien 1992, Karolinger) übernommen.

Die Mitteilung der Texte und ihrer Publikationsgeschichte ist Michaël Rabier zu danken, der uns seinen Artikel „Los Escolios desaparecidos de Nicolás Gómez Dávila“ (*Revista Universidad de Antioquia*, Juli–September 2014, Nr. 317) zur Verfügung stellte.

Nachgetragene Scholien und Personenregister
Verehrer Dávilas in Salzburg, geleitet von Georg Ebner, hatten sich die Mühe gemacht, unsere Ausgaben der Scholien

mit den spanischen Originalausgaben zu vergleichen und die von den jeweiligen Übersetzern aus verschiedenen Gründen ausgelassenen Scholien nachzuübersetzen.

Die Anzahl ist nicht bedeutend, lediglich im letzten Band, den *Aufzeichnungen des Besiegten*, ist sie auf Grund eines Versehens des Setzers höher. Den Lesern des Denkers wird diese Komplettierung willkommen sein, so wie auch das von Georg Ebner erstellte und hier abgedruckte Personenverzeichnis zu unseren drei Scholien-Ausgaben: zur Erkundung mancher Quelle, Inspiration und Kritik Dávilas wird es nützlich sein, wenn es auch nur einen geringen Teil der immensen Lektüren des Autors wiederspiegelt.

Salomon
Das Prosa-Gedicht „Salomon“ stammt aus dem Nachlaß des Autors und erschien unter dem Titel *Un poema inédito de Nicolás Gómez Dávila* erstmals in *El Tiempo*, Bogotá, im Mai 2013.

Gómez Dávila und seine Bibliothek
Den Lektüren des Autors und ihren Spuren in seinem Werk geht Rabier in seinem Aufsatz *Biblioteca gomezdaviliana: las fuentes bibliograficas del pensiamento de Nicolás Gómez Dávila* (Revista Interamericana de Bibliotecologia, Vol. 36, Nr. 3, 2014) nach, den wir hier in deutscher Übersetzung vorlegen. Er untersucht Dávilas Methode am impliziten Text, seine *Art of Writing* im Sinne von Leo Strauss und gibt dabei Einblicke in seine bedeutende Bibliothek, vor allem in die Bestände von Autoren, welche die Dávila interessierenden Strömungen repräsentieren.

Wir danken Michaël Rabier für die Genehmigung des Abdruckes seiner Aufsätze und Till Kinzel für Hinweise sowie Georg Ebner, Reinhard Tschoch und Marion Weiß für die Übersetzungen, die von Franz Carl Weiß durchgesehen wurden.

Wien, Peter und Paul 2014 — Der Verlag

Verschollene Scholien aus Zeitschriften*

I. Aus *Mito*

Kultur ist ein nachhaltiges Streben nach Klarheit.

Die Jugend gibt uns generös, was die Reife täglich braucht, um es zu verlieren.

Ein theologisches System leiht uns ein vergängliches Vokabular für eine ewige religiöse Wahrheit. Zum Beispiel: eine Seele als einfache Substanz zu definieren, ist in philosophischer Fachsprache nichts anderes als eine Art, die Gewißheit, den Glauben oder die Sehnsucht nach Unsterblichkeit zu verkünden.

Jede logische Schlußfolgerung desillusioniert wie jeder erfüllte Traum. Die überschwängliche Unsicherheit ist der geeignete Wohnort der Seele.

Die Idee der Offenbarung schließt die Existenz älterer Ideen, die ihr gleichen oder ähnlich sind, nicht aus.

Wenn eine wunderbare Vorsehung uns das ersehnte Schicksal zugesteht, dann überrascht uns nichts mehr als zu entdecken, daß die Akzeptanz der Erfüllung unserer Träume eine untröstliche Resignation erfordert.

In unserer bürgerlichen Gesellschaft ist jeder Revolutionär ein bescheidener Bürger.

Wie soll man den Künstler zensurieren, den die Versprechungen des Kommunismus berauschen? Wie soll man nicht an seiner Intelligenz zweifeln?

---

* Aus dem Spanischen von Reinhard Tschoch

Nur der niedrigste und böseste Teil unserer Seele läßt die Mehrheit unserer Zeitgenossen vor der Schwelle des Kommunismus innehalten, als ob in unserer Zeit die Weisheit, nur in die trübsten Ecken zurückgedrängt, fortbestehen könnte.

An der Leidensfähigkeit mißt sich die Größe des erforderlichen Trosts. Hätte sie ihre unermeßliche Antwort nicht gefunden, hätte ein einziger im Raum erstarrter Schrei das Universum vernichtet.

Die Routine mildert unsere Unruhe, da sie unsere komische Art ist, am Unendlichen teilzuhaben.

Jede Routine ist Befreiung.

Pädagogisches Streben war der geheime Berater, der hinter den schlimmsten Dummheiten der Geschichte und ihren schrecklichsten Verbrechen stand.

Wer es wagt, ohne nächtelange Vorbereitung Angst zu predigen, bereite sich auf Höllen der Angst vor.

Von den Niederträchtigkeiten des Lebens schafft nur der sich zu befreien, der sie zum Inhalt seiner Werke macht.

Wird mein Herz ewig unter dem Schatten des Weinstockes sterben, nahe dem rohen Tisch, im Angesicht des schimmernden Meeres?

Die Ironie wandelt impotenten Haß in Wohlwollen um.

Die Blasphemie ist manchmal ein Protest Gottes gegen ein ihn verzerrendes Trugbild.

Zu versuchen, mehr zu verstehen als es zu verstehen gibt, ist die beste Art, nichts zu verstehen.

All unsere Bemühungen, sich gegen Krankheit, Alter oder den Tod zu wehren, unterstellen dem Geist eine Kraft, welche die bloße Andeutung von Tod, Krankheit oder Alter schwächt und unterminiert.

Eine glückliche Existenz ist genauso vorbildlich wie eine tugendhafte, vielleicht sogar wertvoller, denn, wenn die eine uns führen kann, vermag uns die andere zu trösten.

Denken hat keinen anderen Zweck als uns auf das Leben vorzubereiten, sagen die Dummen. In Wahrheit hat das Leben keinen anderen Zweck als uns das Denken zu ermöglichen.

Nur ein Christ kann die Demokratie verachten, ohne eine grausame Mythologie erfinden zu müssen.

Schlechte Laune nimmt den Dingen Dichte und läßt sie wie eine durchsichtige leichte Hülle über einer Leere erscheinen. Gute Laune hingegen entdeckt in allem eine geheimnisvolle Mächtigkeit und unermeßliche Fülle.

Durch Ehrgeiz und Eitelkeit erreichte er die Heiligkeit: Gott erschien ihm als der einzige Zuschauer, der die Mühe wert war, ihn zu unterhalten.

Die Spontanität ist der einzige Wert gewisser Gesten. So kann nur die Freiheit des Menschen Gott auf die Idee gebracht haben, ihn zu schaffen.

Das Zusammenhängende ist willkürlich. Letztendlich ist die Zweideutigkeit das wahre Wesensmerkmal der Realität.

Alle Beweise für die Existenz Gottes werden von den idealistischen und realistischen Philosophen hintan gestellt. Die einen räumen der Kleinheit des Menschen, die anderen dessen Größe eine höhere Bedeutung ein.

Normalerweise ermüden die besten Eigenschaften des geliebten Mannes die Frauen am meisten.

Der schlimmste Verrat ist nicht jener, der das Glück zerstört, sondern jener, der die nobelsten Eigenschaften von Mann und Frau ins Lächerliche zieht.

Der Mensch ist nicht das Vehikel der Ideen, sondern ihre zweideutige und harte Realität.

Wenn die Mathematik zur Gänze analytisch ist, so gibt es weder einen klareren noch jämmerlicheren Beweis für die menschliche Dummheit. Wozu benötigt man ein so komplexes, so reiches, so schwieriges Konstrukt zur Darlegung des Offenkundigen?

Menschlicher Edelmut ist das Produkt, das die Zeit schafft, indem sie hartnäckig die Substanz unserer täglichen Animalität bearbeitet.

Was frei macht, ist die Abhängigkeit vom Willen Gottes.

Der christliche Gott ist der einzige unabhängige Gott. Jede nichtchristliche Theologie begrenzt Gott. Daß Gott ein absoluter Wille sei, ist das Neue und die unbestrittene Originalität, welche die christliche Theologie lehrt.

Jede wechselseitige Sympathie ist eine alternative Form der Ausbeutung.

Es gibt keinen Triumph, der mehr ist als nobles Versagen.

Eleganz, Würde, Vornehmheit sind die einzigen Werte, die das Leben nicht notwendigerweise auslöscht.

Die Notwendigkeit, nur dem inneren Antrieb zu gehorchen beschränkt uns, aber diese Beschränkung ist der Preis für die Authentizität unseres Geistes.

Wie die Präsenz des Todes, so reißt uns ein leidenschaftliches und strenges intellektuelles Leben die Geistes- und Naturwissenschaften aus den Händen, um uns auf die schlichte Konfrontation mit dem Leben zu reduzieren.

Je tiefer eine Überzeugung ist, desto einfacher ist die Formel, mit der sie sich ausdrückt.

Seine Klasse zu verraten, entzückt den Bürger und deprimiert den Proletarier.

Der große Romancier ist in der Lage, die unterschiedlichsten Personen zu erschaffen; eines ist ihm jedoch verwehrt: die überzeugende Erschaffung eines Genies ist Privileg Gottes, des größten Romanciers.

Jede authentische Lösung ist unübertragbar, da jede individuelle Lösung auf einer Situation, Erfahrung und einer Tat beruht. Die Philosophie versucht nur die Hindernisse, die unserer Intelligenz unermüdlich anhäuft, zu beseitigen.

Sich zu weigern, an das zu denken, was uns widerwärtig ist, ist die normalste, einfachste und schwerwiegendste Beschränkung.

Der neuzeitliche Trend, sich aktiv mit politischen Problemen zu beschäftigen, ist nicht mehr als eine menschliche List, die danach strebt, schwierige Situationen, die die unpersönliche Allgegenwart des Expertenwesens hervorruft, auf eine Ebene von lösbaren Problemen zu heben.

Der Gedemütigte versucht sich mit einer Erklärung zu verteidigen, die den, der ihn demütigt, erniedrigt.

Unsere fiebrigen Hände verschütten das spärliche Wasser, das das Leben ihnen spendet, im Sand.

Der Schatten der stolzen Laster erstickt tausende Niederträchtigkeiten im Keim.

Nur in der leuchtenden Fülle der Glückseligkeit gedeihen jene Früchte des Geistes, welche die nächtlichen Ängste erzeugen.

Es scheint, daß die eminente Würde des Lebens darin besteht, solange es noch Zeit ist, auf all das zu verzichten und freiwillig zu tun, was Alter, Unglück und Tod uns entreißen.

Die Grausamkeit der Gesellschaften, die auf demokratischen Doktrinen beruhen, ist proportional zur Generosität ihrer Versprechen. Jede unbedachte Freiheit verlangt nach unbeschränkter Unterwerfung.

Was der junge Mann von der Frau verlangt, kann kein klar denkender Mensch von einer irdischen Entdeckung erwarten.

Die Abwesenheit Gottes markiert nur einen abgegrenzten Bereich, der der menschlichen Vernunft verborgen ist.

Eine von Gemeinplätzen entmutigte Literatur bereitet sich auf den Tod vor.

Nur die Ideen, die wir selbst schaffen, können uns überzeugen. Wenn wir alle von Gemeinplätzen leben, so liegt dies nicht nur daran, daß wir gelernt haben, alles nachzuäffen, sondern vor allem daran, daß der Gemeinplatz in Wahrheit kein von allen nachgesprochener Ausspruch ist, sondern eine Idee, die wir alle finden.

Beim Schreiben ist die Präsenz des zukünftigen Lesers im Geiste des Autors Ursprung und Erklärung dichterischer Ausdruckskraft.

Jede Ästhetik ist eine Arbeitshypothese, die das Resultat bestätigt oder verdammt.

All jene, von denen wir glauben, daß sie nur halb und nicht andauernd im Irrtum sind, irritieren uns. All jene, von denen wir glauben, daß sie völlig und ständig irren, erlangen durch unsere Ironie unser Wohlwollen.

Die Nacht gewährt unserer von der schamlosen Präsenz des Tages unterdrückten Seele Zuflucht. In der nächtlichen Stille scheint unser Herz im Einklang mit dem Herz der Welt zu schlagen.

Jeder Morgen umschmeichelt uns. Aber wenn uns die Mittagszeit in ihrem Überfluß verstummen läßt, so erlöst uns die Abenddämmerung, die dem Morgen täuschend ähnlich ist und der nächtlichen Resignation entbehrt, von der grausamen Pause des Nachmittags.

Der authentische Atheismus hat für die menschliche Intelligenz den gleichen Stellenwert wie die Unendlichkeit für die Vorstellungskraft.

Die Pracht des Körpers ist der tiefe Boden, in dem die Seelen, die wir lieben, sprießen. Keine Rhetorik verlängert die Liebe zweier Seelen über den Zeitpunkt des Dahinsiechens des Fleisches hinaus.

Vielleicht finde ich am Katholizismus nichts verführerischer als die Unverschämtheit seiner Lehre.

Der Katholizismus steht den kleinlichen Ansprüchen der menschlichen Vernunft entgegen, damit er die tiefen Sehnsüchte des Menschen besser erfüllt.

In der Einsamkeit der Nacht vergißt der starke Geist den verbrauchten Körper, der ihn drückt, im Bewußtsein seiner unvergänglichen Jugend hält er sich für den Bruder jedes irdischen Frühlings.

Die Genügsamkeit ist ein erschütternder Beweis der Demut.

Wenn Gott die Schlußfolgerung eines Gedankenganges wäre, ließe mich die Notwendigkeit, ihn zu verehren, in Gleichgültigkeit erstarren. Aber Gott ist nicht nur die Substanz, nach der ich strebe, sondern auch die Substanz, von der ich lebe.

Das grundlegende Problem, das unsere Gesellschaft aushöhlt und unterminiert, ist der Widerspruch zwischen der Unmöglichkeit, ohne militärische Tugenden leben zu können, und der Unmöglichkeit zu verhindern, daß angesichts der derzeitigen technischen Hochrüstung deren Einsatz katastrophal wäre.

Nicht jedes Wesen lieben, außer seinen göttlichen Teil.

Im Leben handeln wir ähnlich einem Blinden, der die Leinwände eines Museums als Lumpen benutzt.

Es genügt nicht zu wissen, was wir sind, noch zu sein, was wir sind. Die Weisheit besteht darin, daß wir verstehen zu sein, was wir sind.

Bücher sind keine Werkzeuge zur Erreichung der Perfektion, sondern Barrikaden gegen die Langeweile.

Mich der Unfähigkeit zu verdächtigen, irritiert abwechselnd meinen Stolz und meine Demut.

Wenn mein Stolz mir antwortet, ist mit nichts recht; wenn meine Demut antwortet, ist mir alles recht. Da ich Stolz und Demut nicht mehr auseinander halten kann, lähmt mich das Wirken dieser beiden untrennbaren Kräfte angesichts der unerreichbaren Beute.

Das Verlangen, etwas auszudrücken, geht dem Gedanken, der es rechtfertigt, voran. Die Idee ist eine überraschende Gabe, die denen gewährt wird, die mit demütigem Starrsinn darauf bestehen zu schreiben.

Die Idee ist die innerliche und spontane Verbrennung eine glühenden Ausdrucks.

II. Aus *Eco*

Wir versuchen, uns immer dem anzuschließen, der verliert, um uns nicht für die Taten des Siegers schämen zu müssen.

Die Geschichte hat keine Gesetze, die uns ermöglichen vorherzusagen; aber sie bietet uns Zusammenhänge, die Erklärungen ermöglichen, und Tendenzen, die uns Vorahnungen gestatten.

Gott wird nicht aus der Erfahrung unserer Grenzen geboren, sondern stirbt daran, daß wir sie vergessen.

Das Genie vermacht sein Werk nicht der „Menschheit", sondern einem ihm nahestehenden Genie.

Die Dinge offenbaren ihr Wesen nur den verkrampften Händen der Sehnsucht und des Verlangens.

Der Schlüssel des Universums ist eine triviale Evidenz. Es gibt keine Technik zur Reproduktion des Wertes. Jeder Lehrsatz, der diese Evidenz nicht einschließt, ist falsch.

Um treffsicher zu urteilen, muß man frei von Prinzipien sein.

Diejenigen, die die Existenz von Hierarchien leugnen, können sich nicht vorstellen, mit welcher Klarheit die anderen deren hierarchischen Rang sehen.

Die vermeintlich gescheiterten Existenzen sind meist bloß gescheiterte dreiste Ambitionen.

Um die neue Moral zu widerlegen, genügt es meist die Gesichter ihrer gealterten Vertreter zu beobachten.

Wer nicht unermüdlich und tatkräftig danach strebt, seine Habgier zu befriedigen, fühlt sich in unserer modernen Gesellschaft ein wenig schuldig.

Die Geschichte wäre wesentlich friedfertiger, wenn es nur wirtschaftliche Tätigkeit und Geschlechtsverkehr gäbe. Der Mensch ist die furchtbarste Bestie.

Das schamloseste Schauspiel ist das lustvolle Herzklopfen, mit dem die Menge dem Redner, der ihr schmeichelt, zuhört.

Die ethische Norm, die man zur Gänze erfüllen kann, korrumpiert.

Heute behauptet man, daß Verzeihen das Negieren des begangenen Verbrechens sei.

Jede Utopie verbreitet die Langeweile eines Sonntagnachmittags in der Vorstadt.

Die alten Lehrsätze der Rhetorik verbessern nicht die intellektuelle Ausdrucksweise des Dummen, der sie einhält, aber sie schaden dem Intelligenten, der sie mißachtet.

Die Schüler des großen Mannes teilen sich in jene, die nie reifen und in jene, die bald verfaulen.

Die aktuelle Kunst schafft es vielleicht das Dokumentationsinteresse der römischen Provinzkunst zu erwecken.

Das moralische Gewissen ist allein die Instanz, wo die Zweideutigkeit des Konkreten mit der Eindeutigkeit der Regel kämpft.

Was wir sagen und was wir denken, ist ohne Vorsicht und Zurückhaltung nicht einmal für diejenigen verwertbar, die wie wir denken.

Applaus zu erhalten, ist befriedigend, aber beunruhigend.

Seine seriöse universitäre Ausbildung schirmt den Experten gegen jegliche Idee ab.

Meist beraubt der Name des Autors ihn in wenigen Jahren seiner Autorität als zitierbare Quelle.

Der bunte Anzug des Revolutionärs entfärbt sich unmerklich zur strengen Uniform des Polizisten.

Die Welt ist nicht Thema des Dichters, sondern Wörterbuch seiner Metapher.

Nachgetragene Scholien*

Nachträge zur Ausgabe
„Scholien zu einem inbegriffenen Text",
Wien (Karolinger) 2006
(Escolios)

Die Vorbemerkungen zu einer Lehre können Jahre nach der Lehre selbst erscheinen.

So gibt es spätere Lehren zur Lehre, die vorangehen, und frühere Lehren zur Lehre, die nachfolgen.

Offenbarung ist der Wert, der plötzlich über eine psychologische Tatsache hereinbricht.

Der Schreiber der Linken knurrt, wenn er über Politik schreibt.

Aber wenn er über ein anderes Thema schreibt, sondert seine Feder Zartes ab.

Die Popularität einer Idee liegt in ihrer Tiefe, wie die Extension eines Konzepts in seiner Intension.

Um das Volk zu zivilisieren, muß man ihm Flußbette geben, nicht Quellen.

Auch wenn es so ist, daß die Falschheit eines Postulats *per definitionem* ein Begriff ohne Sinn ist, beschnüffelt die Intelligenz dumme Postulate.

Das, was den klassischen Pharisäer vom modernen Pharisäer, der heutzutage jenen verachtet, unterscheidet, ist nicht, daß der neue sein Elend bekennt, sondern daß er nicht einmal Danke sagen kann.

---

* Aus dem Spanischen von Georg Ebner

Nachträge zur Ausgabe
„Auf verlorenem Posten“
Wien (Karolinger) 1992

(Nuevos Escolios)

Band I

Der Künstler verdurstet zwischen den Quellen, die er beiseite läßt.

Die leichten Kommunikationen trivialisieren sogar das Dringliche.

Der Kommentator des Philosophen unterweist ihn mit Selbstgefälligkeit.

Der, der sich „übertrifft“, zeigt seine Mängel an noch augenfälligerer Stelle.

Mit dem Denken des subalternen Philosophen kann niemand dessen Porträt zeichnen.

Da die Immoralität darin besteht, Subjekt und Objekt als Mittel zu behandeln, ist der technische Akt, der *per definitionem* die Vorstellung in ein Utensil verwandelt, radikale Immoralität und der Organismus also, als Integration technischer Systeme, radikale Schuldhaftigkeit.

Leben ist die Weise, im Sein ein Sein zu erhalten, das zur Schuldigkeit verurteilt ist, indem es dieses schafft.

Weil der *Homo Faber* sein Werkzeug mit der Spontaneität handhabt, die er von einer unreflektierten Tradition erbt, ist der technische Akt nicht die einzige Determinante seiner Sicht der Welt.

Der *Homo Technicus* hingegen verwandelt dadurch, daß er vorher zur planmäßigen Reduktion des Objekts übergeht, den technischen Akt in die einzige Determinante seiner totalen Sicht.

Die Grazie belebt im Herde eines jeden Objekts die Spuren ihres Feuers und das Aufspringen ihrer Flamme.

Den Menschen rettet davor, nichts als Lehm zu sein, seine Empfänglichkeit für Epiphanien.

Reaktionär sein heißt, aus der Seele auch die fernsten Verästelungen des Versprechens der Schlange herausreißen zu wollen.

Vielleicht führt einzig die ästhetische Tätigkeit nicht gegen eine Wand.

Auch wenn es nötig sein mag, um ans andere Ufer zu kommen, einen Sprung von der Stelle aus zu machen, wo er hinführt.

Die Subjektivität ist richtig zwischen dem erkennenden Subjekt und der Innerlichkeit des erkannten Objekts.

Die Freiheit ist die untrennbare Bedingung der gesamten ethischen Option und der pervertierten ethischen Option.

Indem er die Erosion des *Ordo Senatorius* aufhielt und ihm erneut die Pforten der Macht öffnete, legte Konstantin der Große die Fundamente des Abendlandes.

Weder ein byzantinischer Cäsaro-Papismus, noch eine puritanische Theokratie konnten sich dort entfalten, wo die Feudalgesellschaft im Heiligen Reich ihre Struktur der libertären Barrikaden hierarchisierte.

Die politische Klasse ist stets eine für das kapitolinische Schnattern des Philosophen taube Garnison.

Da selbst die mittelmäßigste Kopie zum Original wird, wenn wir die Originale, die sie kopiert, nicht kennen, ist Originalität keine ästhetische Kategorie.

Im Verzicht auf die Figuration unterdrückt die Malerei den Reflex, der sich von ihrer malerischen Transfiguration aus auf die Objekte projiziert.

Der Mensch wohnt dann in einem langweiligen Universum aus plastischen Launen und bloßen Utensilien.

Wenn die wissenschaftliche Erklärung die Bezüge einer religiösen Metapher angleicht, erschwert sich die Wahrnehmung der symbolischen Bedeutung der Metapher; aber weder ist die Gültigkeit der Metapher verjährt, noch ist die symbolisierte Wahrheit gestorben.

Die, die zu lächeln wissen, verfallen – sie mögen was auch immer sagen – nie in die höchsten Blasphemien.

Der mystische Antinomismus ist die Proklamation eines göttlichen Gesetzgebers.

Es handelt sich nicht um Libertinage, sondern um Blasphemie.

Durch die Vorherrschaft der Technik versetzt der menschliche Erfindergeist die Welt zurück in ihre Beschaffenheit als Utensil, indem er den Menschen in den Wohnraum des Tieres sperrt.

Jedes Individuum hat Anteil – aber ungleichmäßigen – an den drei Menschenarten:

Der *Homo Faber*, der außerhalb der Kontinuität der Zeit lebt, in den Dauern der beliebig aneinanderreihbaren technischen Prozesse.

Der *Homo Civilis*, der in der Dichte der Zeit lebt, in den Engen und Schluchten der Ungewißheiten und Notwendigkeiten der Geschichte.

Der *Homo Spiritualis*, der in jener zeitlosen Zeit der Werte lebt, die im Lauf der Jahrtausende auftauchen.

Der Einfluß muß das Timbre modifizieren, ohne die Stimme zu verändern.

Das Kunstwerk ist nicht gesehen worden, wenn dieses Sehen im Beobachter nicht Haltungen ausgelöst hat, die ihm scheinbar fremd sind.

Um Recht zu haben, müßte der Revolutionär superlativisch Recht haben.

Das Genie beeinflußt die Geschichte nur mit dem hinfälligen Teil seines Genius.

Anstatt die Instinkte durch die Röhren des Organs zu kanalisieren, genügt es, diese zu befreien – wie es der Moderne fordert –, um die Gesellschaft durch Streit zu zerstören.

Der irritiert, der behauptet, daß man zu der von ihm ins Spiel gebrachten Lösung auf unpersönlichem Wege gelangt, der das nicht verantworen will, was er auf sich nimmt.

Fortschritt ist der Name des Prozesses, in dem der *Salvator-Salvandus* seine gefallene Göttlichkeit wiederherstellt.

Die klassischen Literaturen sind offensichtlich nicht prälapsarisch, aber glücklicherweise prägnostisch.

Der Relativismus ist die Lösung dessen, der unfähig ist, die Dinge in eine Ordnung zu bringen.

Die gute Malerei kürzt den Lyrismus des Kunstkritikers.

Der neugeborene Gemeinplatz ist unerträglich.

Das Glück wandert mit nackten Füßen.

Mögen wir niemals mit süßlicher Stimme über Gott reden.

Wir loben am Nachbarn nur jene Tugenden, die uns die Ausübung einer Tugend ersparen.

Die Vergangenheit scheint keine Erben hinterlassen zu haben.

Eine Verweigerung der Gerechtigkeit mindert manchmal die Verschlimmerung der Tragödie.

Die kindliche Sexualität ist nicht vor-erwachsen, sondern vor-erbsündlich.

Die bürgerliche Mentalität vergiftet – sobald sie in der Gesellschaft vorherrscht – diese und sich selbst.

Aber die Mentalität des Bürgers in einem eingeschränkten und autonomen Marktflecken ist grundlegender Faktor der Zivilisation.

Das soziale Schema des Mittelalters ist das Paradigma der Sozialstruktur der Zivilisation.

Ein sozialer Komplex von ländlichen Herrschaften und städtischen Republiken, hierarchisch organisiert in einer weltlichen Pyramide, parallel zu einer autonomen geistlichen Pyramide.

Allein die sinnbildliche Wahrnehmung eines Gegenstandes verstümmelt ihn nicht.

Nichts ist nur sein greifbarer Umriß.

In den Künsten und in der Literatur ist die Leidenschaft des Enthusiasten nur dann aufrichtig, wenn sie heimlich ist.

Indem er Neuplatonismus und Mazdaismus verschmilzt, durch die Gleichsetzung des Bösen mit der Materie, vergöttlicht der Gnostiker automatisch den Geist.

Das Messer Ockhams ist das plumpste aller Instrumente in der Geschichte.

Die Wirtschaftsgeschichte reduziert sich nicht auf eine Geschichte des Wirtschaftlichen.

Sie zeichnet jene des Prinzips des Grenznutzens nach, das durch die nichtökonomischen Reliefs der durchlaufenen Ebene reguliert wird.

Der Paulizianismus ist eher marcionitisch als manichäisch, und zwar deshalb, weil im Bogomilismus und im Katharismus die gnostischen Elemente wahrscheinlich messalianische Einflüße sind.

Der Gnostizismus kristallisiert sich in den Konventikeln der Freigeister von Freien Geist und im Pantheismus des Amalrich.

Um der Kohärenz des Christus der Evangelien zu begegnen, muß man zum Christus von Chalkedon vordringen.

Nach einer kurzen Episode kehrt die Geschichte seit Pfingsten wieder zu ihrem gewohnten Trott zurück.

Wer sein Leben nicht mit den großen Texten konfrontiert, konfrontiert es mit den Schlagwörtern seiner Zeit.

Jede Vision ist Eroberung und nicht Ausgangspunkt; sie bedarf folglich der Verbündeten.

Die Anzahl der Adepten eines Kultes ist unerheblich, sofern sie rituell anbeten. Aber wenn sie anbeten, indem sie Meinungen äußern, dann ist es besser, einen verlassenen Gott zu verehren.

Die Linksideologie lähmt bei einigen Individuen nichts, außer gewisse Gehirnzonen.

Die Linke begnügt sich damit, die gegnerischen Thesen zu entehren.

Metöken von diesem Volke und Touristen im sogenannten Kultur-Zeitalter (das mit der Ilias beginnt) lallen komisch, wenn sie über einen der seltenen Autochthonen stolpern.

Das Herrengebet lautet nicht so: „...vergib uns unsere Schuld, wie auch wir vergeben den Schuldigern jener, die wir lieben."

Der Historismus ist nur für den relativistisch, der vergißt, daß das Verschwinden von externen, vorweggenommenen und absoluten Kriterien es nicht mit sich bringt, daß jedes Individuum und jeder Wert den selben Rang hat, denn im vollen Ausdruck jedes Individuums und jedes Wertes ist sein Rang enthalten.

Die einen analysieren das christliche Dogma, als ob es ein formalisiertes axiomatisches System wäre, die anderen, als ob es aus subjektiven Fiktionen bestünde.

Beide irren, weil die religiöse Metapher der Präzision entbehrt, ohne aber eines Bezugsobjektes zu entbehren.

Nur die perfekte Einfachheit ist unnachahmlich.

Die Kopien wuchern dort, wo die Bestandteile dosiert wurden.

Wenn wir den Gigantismus der gegenwärtigen Dummheit erleben, können wir auf den vorhergegangenen der mesozoischen Saurier hoffen.

Nichts haben wir zu viel. Wir alle sind zu viel.

Nach dem Verzicht auf den Gesang und der Verurteilung des Gnomischen bleibt dem modernen Dichter nur das vertrauliche Aushusten.

Quasi das einzig Unterhaltsame an den „Unterhaltungen" ist das Schauspiel des dummen Gesichtes derer, die sich unterhalten.

Ohne ihre metaphysische Reichweite zu übertreiben, aber auch ohne sie auf positivistische Immanenz zu begrenzen, wollen wir aus der Philosophie ein Inventar der Brüche machen.

Die Bücher haben ein unheilvolles Schicksal: entweder werden sie vergessen oder studiert.

Die Regierung dieser amerikanischen Inseln wurde seit der Unabhängigkeit von den mestizischen Nachkommen des Ginés de Pasamonte übernommen.

Um nicht bloß Entomologe des menschlichen Verhaltens zu sein, hat es der Historiker nötig, daß ihn keine schwere Katastrophe von der Vergangenheit trennt, die er durchgehen möchte.

Aber auch wenn manchmal ein dünner Faden der Kontinuität genügt, erfaßt der Historiker nach vier Generationen eher das Konzept der Vergangenheit als die Vergangenheit selbst.

Der Geruch einer Zeit verschwindet schrittweise im Übergang von einem Historiker zum anderen.

Der Fehler des Ästhetizismus ist sein Eifer im Destillieren reiner Essenzen.

Nachträge zur Ausgabe „Aufzeichnungen des Besiegten“ Wien (Karolinger) 2002

(Sucesivos Escolios)

Die Wissenschaft bereichert die Intelligenz; die Literatur bereichert die ganze Persönlichkeit.

Kommunikation oder Ausdruck sind keine Ziele, sondern nur Mittel des Kunstwerks.

Die Geschichte dieser Nationen ist wenig interessant: eine Geschichte aus zweiter Hand.

Nichts Originelles hat sich hier gefunden; auch hat hier nichts seinen größeren Glanz gehabt.

Wenn dem intellektuellen Klima, in dem sich etwas ereignet, Originalität fehlt, ist das Ereignis nur für die interessant, die es physisch betrifft.

Die Stilkunde birgt drei Sinne: Die Eigenheit eines individuellen Ausdrucks, das Formensystem, den speziellen Typus des Wertes.

Alles Geschriebene kann Stil haben im ersten Sinn, es hat diesen unvermeidlicherweise im zweiten, es reicht manchmal, um ihn im dritten zu haben.

Der Moderne hat kein Innenleben; nur innere Konflikte.

Was ein berühmter Künstler bekräftigt hat nur Interesse, wenn das Werk verdient, bekräftigt zu werden.

Keine Verallgemeinerungen ohne differenziertes Lächeln.

Die christlichen Dogmen sind keine Spekulationen des religiösen Bewußtseins, sondern kanonische Formeln von experimentellen Rätseln.

Die Gegenwart eines Dummkopfs macht traurig.

Alle wechselnden Orthodoxien einer Wissenschaft erscheinen dem Schüler als definitive Wahrheit.

Die Lösungen der Philosophie sind die Kostümierungen neuer Probleme.

Nichts zeigt so sehr die Grenzen der Wissenschaft wie die Meinungen des Wissenschaftlers über irgendein Thema, in dem er nicht Experte ist.

Die „moderne Kunst“ kann nur erneuern, wer es schafft, originell zu sein, ohne es sein zu wollen.

Manche Ideologien schaffen es nicht, die Verkleidung des wahren Motivs zu sein, sondern sind nur dessen Schmuck.

Der Mensch macht seine Geschichte, aber er schmiedet nicht die Werte, die diese beherrschen.

Die Literatur auf die „Fiction“ zu reduzieren, ist ein moderner Mißbrauch.

Literatur ist alles, was mit Talent geschrieben ist.

Kritiker von Talent ist vor allem der, der in seinem Leser den Wunsch erweckt, das besprochene Buch zu lesen oder nicht zu lesen.

Die Lektüre der *poetae minores* gehört sicherlich zu den Foltern der Hölle.

Das Ideenwelt des modernen Menschen: möglichst viele Gegenstände kaufen; möglichst viele Reisen machen; möglichst oft kopulieren.

Wir sollten nicht davon reden „das Leben zu akzeptieren“, wenn wir das ohne Widerstand akzeptieren, was erniedrigt.

Mehr als das, was er sagt, überführt seine Diktion den Schwachkopf.

Vom Staat das zu begehren, was nur die Gesellschaft machen kann, ist der Fehler der Linken.

Normalerweise kommt man zu keinen Schlußfolgerungen, ohne die Einwände zu ignorieren.

Man muß sich vor dem hüten, der glaubt eine Lösung gefunden zu haben.

Das Wort „modern" hat kein automatisches Prestige mehr, außer unter Dummköpfen.

Eine intelligente Meinung zu hören, versöhnt mit dem Leben.

Um lächerlich zu machen, genügt es, ohne Kontext zu zitieren.

Die perfekte Transparenz eines Textes ist einfach nur ein ausreichendes Vergnügen.

Die industrielle Gesellschaft macht die Vulgarität für alle erreichbar.

Der Einwand des Reaktionärs wird nicht diskutiert, er wird verschmäht.

Was die ganze moderne Theorie radikal widerlegt, ist, daß für psychologisch gehalten wird, was nicht für physisch gehalten wird.

Interessant ist nur, was eine Transzendenz impliziert.

Ich würde nicht den Bruchteil einer Sekunde mehr leben, wenn ich nicht den Schutz der Existenz Gottes fühlte.

Weil sie so einfach widerlegbar ist, ist eine wissenschaftliche These nie wirklich wahr, sondern nur in Geltung.

Die Verbürgerlichung der kommunistischen Gesellschaften ist ironischerweise die letzte Hoffnung des modernen Menschen.

Die Perversionen sind für alle erreichbar.

Jeder, der sich als Teil einer Menschenmasse findet, ohne sich unbehaglich zu fühlen, muß sich schämen.

Der Dummkopf vertraut nicht der Wahrheit, die nicht von der öffentlichen Meinung verbürgt wird.

Die metaphysische Pseudo-Bedeutung ist die Lieblingssprache dessen, der hübsch schreiben will.

Auch dumme Ideen zu tolerieren kann eine soziale Tugend sein; aber eine solche Tugend wird früher oder später bestraft.

Die Architektur ist die einzige Kunst, in der es ästhetisch erlaubt ist, die Treffer der zeitgenössischen Kunst zu imitieren.

Weil seine Probleme sich außerhalb eines religiösen oder ethischen Rahmens befinden, nimmt ihnen der Moderne jedes Interesse.

In der modernen Welt wächst die Anzahl von Theorien, die es nur durch ein Achselzucken zu widerlegen lohnt.

Die Quantität allein reicht schon, um die Bewunderung des Modernen zu erwecken.

Der Historiker, der über eine Ursache redet – und nicht über Ursachen –, ist umgehend zu entlassen.

Maximieren ist der moderne Imperativ; Optimieren der zivilisierte.

Kultur ist etwas, das lebt, solange die „Kultur-Förderung“ es nicht erstickt.

Es ist unmöglich, ein Thema zu behandeln, welches jüngst von Schwachsinnigen besabbert wurde.

In der modernen Kunst sind reichlich Tendenzen vorhanden, die die Kapazität des ästhetischen Gewissens für Empörung aufbrauchen.

Die politischen Morde sind heute nur erlaubt, wenn der Mörder von der Linken ist.

Die Linke mordet nicht immer, aber sie lügt immer.

Der Linke hat keine Meinungen ohne Dogmen.

Es gibt viele Dinge, bei denen man lernen muß zu lächeln ohne zu mißachten.

Um nicht deprimiert zu sein, inmitten so vieler dummer Ansichten zu leben, ist es nützlich, sich immer daran zu erinnern, daß die Dinge offensichtlich das sind, was sie sind, mag die Welt meinen, was sie mag.

Das Angemessene, was man von einem Autor sagen kann, reduziert sich auf wenige Sätze.

In der Literatur ist das Internationale nicht ein Modell zum Kopieren, sondern ein Niveau, unter welches zu gehen nicht erlaubt ist.

Die genaue Beschreibung ist fruchtlos.

Nur das hat beschreibende Genauigkeit, was sich in der Entwicklung eines Satzes oder vom Gipfel eines Verses aus enthüllt.

Angesichts dessen, was die moderne Welt zu sein vorgibt, hat nur die Prosa der großen Niederlagen intelligenten Wohlklang.

Unsere Meditation sollte nicht in einem Thema bestehen, welches von unserer Intelligenz vorgeschlagen wurde, sondern von einem intellektuellen Rauschen, das unser Leben begleitet.

Jede gesittete Person endet im Beklagen der Mehrheit der technischen Fortschritte in diesen letzten zwei Jahrhunderten.

Nichts ist uns so peinlich, wie pompös Trivialitäten hervorgebracht zu haben.

Das Individuum muß sich in vielen Fällen kompromittieren, doch seine Intelligenz darf sich niemals kompromittieren.

Abstrakt ist die Unterscheidung zwischen *de facto* und *de iure* offensichtlich, jedoch konkret mehren sich die Verwechslungen.

Es gibt reichlich Wörter (wie z. B. „wichtig"), die *ad libitum* Recht oder Tatsache bedeuten.

Weder die Improvisation an sich, noch die Meditation an sich, erreichen eine größere Sache.

In Wirklichkeit gilt nur das spontane Ergebnis vergessener Meditationen.

Die wirklich bewundernswerten Texte blenden uns nicht plötzlich, sie bemächtigen sich allmählich unserer Bewunderung.

Bewundern oder verabscheuen sind gleichermaßen lächerliche Haltungen, sofern sie nicht diskret und leise sind.

Die öffentliche politische Diskussion ist in keinem Land intellektuell erwachsen.

Der Liberalismus wirkt sich auf die Freiheit nachteilig aus, weil er die Restriktionen ignoriert, die sich die Freiheit auferlegen muß, um nicht durch sich selbst zerstört zu werden.

Es reicht, daß die Zeit sie ein wenig veraltet, damit es nicht schwierig ist, über die Mehrheit der literarischen Neuerungen nicht zu lachen.

Vor nichts müssen wir unser Denken mit der gleichen Sorgfalt schützen wie vor der Weitergabe von Halbwahrheiten.

Niemand ist dümmer als der, der mit Enthusiasmus jede Inauguration feiert.

Die sich mit der Philosophie beschäftigen, würden sie nicht so ernst nehmen, wenn sie sie normalerweise nicht beruflich ausübten.

Nichts ist so schnell obsolet geworden, wie die kühnere Moderne.

Die Menschen verstehen schwer, daß sie nicht verstehen.

Nichts irritiert mehr als die Sicherheit, mit der man über all das urteilt, was irgendwo erfolgreich gewesen ist.

Legitim ist das soziale System, das die Koexistenz der größten Zahl an Werten erlaubt.

„Guter Bürger“ nennt sich das Individuum, das durch alberne Ursachen beunruhigt wird.

Auf vulgäre Art zu schreiben garantiert dem Schreiber heutzutage einen weiten Leserkreis.

Der demographische Druck vertiert.

Die in den letzten zweihundert Jahren errichteten Denkmäler besichtigen nur die Dummköpfe mit Bewunderung.

Die kulturellen Neigungen des Publikums gelten zu vier Fünftel Täuschungen.

Es gibt zwei Interpretationen der Volkswahl: eine demokratische und eine liberale.

Nach der demokratischen Interpretation ist die Wahrheit das, was die Mehrheit beschließt; nach der liberalen Interpretation wählt die Mehrheit bloß eine Meinung aus.

Eine dogmatische und absolutistische Interpretation die eine; eine skeptische und bescheidene Interpretation die andere.

Die Dekadenz der Religion in unserer Zeit verdankt sich einer wachsenden Verdummung durch die Wissenschaft, deren Begrenzung sich *de facto* permanent verschiebt, wenn auch innerhalb von *de iure* unverletzten und unverletzbaren Grenzen.

Das Schwierige in der Philosophie ist nicht, für den Experten zu schreiben, sondern für den Laien.

Es kostet Mühe sich vorzustellen, daß die moderne Welt irgendwann den Reiz der ganzen vergangenen Welt haben könnte.

Im Betonen des Wortes „Technik“ wird der Dummkopf rührselig, wird erschüttert, bläst die Brust auf und sabbert Speichel.

Lassen wir uns zur Exaktheit zwingen.
Die Klarheit unterdrückt die Rhetorik.

Reaktionär zu sein, heißt begriffen zu haben, daß man von einer Wahrheit nicht absehen kann, bloß weil sie keine Möglichkeiten hat, zu triumphieren.

Es gibt nicht nur hinsichtlich unzähliger Objekte, die wir vollenden, keinerlei Notwendigkeit des Festhaltens, das Gleiche gilt auch von vielen Klassen von Büchern.

Niemand ist unerträglicher als der, der nicht ab und zu mutmaßt, nicht recht zu haben.

Der Historiker „schafft“ nicht die historische Tatsache; nichtsdestoweniger wählt er sie frei aus.

Der Monismus ist eine Haltung, die die Hälfte der Erfahrung vergewaltigt.

Manchmal erweist sich, daß eine These durch das Lesen ihrer Widerlegung einfacher zu begreifen ist als durch ihre Beweisführung.

Die offizielle Malerei des 19. Jahrhunderts war nicht schlecht, weil sie „realistisch“ gewesen ist, sondern weil sie schlecht war.
Die Malerei dieses Jahrhunderts ist ebenfalls nicht gut – wenn sie gut ist –, weil sie nicht „realistisch“ wäre, sondern weil sie gut ist.
Die axiologische Essenz löst sich nicht in ontologischen Faktoren auf.

Einige begingen den Fehler, Historizismus und Historismus zu verwechseln. Das Gift und das Gegengift. Oder: Hegel und Ranke.
Historizismus ist jener, von dem Popper, Historismus jener, von dem Meinecke spricht.

Der Fehler des fortschrittlichen Christen besteht im Glauben, daß die Polemik des Christentums gegen die Reichen eine implizite Verteidigung sozialistischer Programme wäre.

Um irgendein philosophisches System zu verstehen, ist es nötig, provisorisch seine Postulate zu akzeptieren.

Es ist nicht einmal sicher, daß nur das Unvorhergesehene geschieht.

Weit entfernt ein Kriterium der Wahrheit zu sein, ist der universelle Konsens ein Zeichen des Irrtums.

Nicolás Gómez Dávila

Salomon*

An eine Steinbrüstung gelehnt, scheint der schlaflose, einsame Monarch die Nichtigkeit des neuen Tages zu betrachten.

Ist nicht er, letzten Endes, der Vollzieher sinnloser Siege? Ist nicht er der Herr der Asche? Wiederholen die Weisen nicht die bitteren Erfahrungen ihres Alters? Wer hat den eitlen Prunk am härtesten verurteilt?

Der alte König sinnt auf der vorspringenden Terrasse:

„Oh, Eitelkeit, Stolz, himmlische List, in die ich die Fülle meines Wesens flüchte. Mein großzügiges Herz erfindet dich, um die Menschen vor der unduldsamen Vision des Glückes zu schützen."

„In dem demütigenden Schatten ihres Lebens können sie nur weilen, weil ich diese falsche, aber süße Wissenschaft gelehrt habe. Nicht imstande, sie mit dem Reichtum meines Lebens zu erfüllen, tröstet sie meine freigiebige Seele mit ihrer Beredsamkeit, die die Pracht der Welt widerlegt. Ach! Mein Schatten auf die Welt soll die weltliche Herrlichkeit verdecken, der ihre schutzlosen Herzen verletzt. Ah! Daß der Flug meines Glückes im letzten Lebensaugenblick den Todeskampf mit dem glücklichen Schwingen seiner Flügel beruhige."

Der Morgenwind verweht die nächtliche Dumpfheit und aus den nahen Tälern steigen langsam die morgendlichen Nebelschwaden. Hell färbt sich der Himmel und vertreibt das klare Feuer der Sterne.

Alles ruht noch in der nächtlichen Stille.

Die Stadt drückt die Würfel ihrer Häuser gegen die Unregelmäßigkeit der Hügel und verlängert das Relief ihrer Schatten bis an das schroffe Senkrecht der Mauern.

An den unvollendeten Tempel angeschlossen, breitet der Palast den gedämpften Glanz seiner Gärten und die weißen

* Aus: *El Tiempo*, Bogotá, April 2013. Aus dem Spanischen von Gretl von Rennenkampf

Lichtungen seiner Höfe und schlafenden Gemächer aus. Die Wächter schlummern, auf ihre Lanzen gestützt.

Im Osten schleudern die Berge ihre Geierschwärme gen Himmel, die in langsamem Flug aufwärts kreisen und in der ruhigen, durchsichtigen Luft schweben, um sich auf den angehäuften Unrat auf Straßen und Plätzen zu stürzen.

Ein dicker Rauch steigt empor, der von nächtlichen Opfern kündet.

Alles ruht noch; aber wenn der Lärm und der Tumult erwachen, wird ein plötzliches Mitgefühl das Tun der Menschen erlahmen lassen, betrübt über den Anblick des unbeweglichen Alten, der im Glanz des Morgens auf seiner hohen, leuchtenden Terrasse weilt.

Michaël Rabier

Die Biblioteca Gomezdaviliana: Bibliographische Quellen des Denkens des Nicolás Gómez Dávila*

Einleitung

Die Bände der *Escolios a un texto implícito* zeichneten sich durch ihre philosophische Tiefe und ihren hohen kulturellen Anspruch aus. Abgesehen davon, daß Gómez Dávila ein Denker mit scharfem Intellekt gewesen ist, war er eigentlich auch und in erster Linie ein unermüdlicher Leser. Im Laufe seines Lebens sammelte er was als die Hauptwerke des universellen und vor allem abendländischen Denkens bezeichnet werden kann, insbesondere auf den Gebieten der Literatur, Philosophie, Geschichte und Religion. Aufgrund dessen kann gesagt werden, wie es Halim Badui-Quesada (2007) in einem Essay über die Bibliothek des kolumbianischen Philosophen schreibt: „Man kennt Nicolás Gómez Dávila aus drei verschiedenen Gründen: dafür, daß er ein reaktionärer Denker gewesen ist, für seine Serien von Escolios und für seine einzigartige Bibliothek. Diese hatte eine solche Bedeutung, daß behaupten werden kann, daß Kolumbien ohne sie einen seiner größten Denker hätte entbehren müssen."

Wir möchten nun auf die Bedeutung des oben angeführten, von Badui-Quesada hervorgehobenen dritten Grundes, und zwar der fundamentalen Rolle dieser Bibliothek bei der Bildung des Denkens des bogotanischen Autors näher eingehen. Viel mehr als ihr unschätzbarer materieller und kultureller Wert – Grund dafür, daß die Bank der Republik die Bibliothek den Erben abkaufte – stellen diese beinahe 30 000 Bände einen kostbaren intellektuellen Wert hinsicht-

* Gekürzte deutsche Fassung des Artikels in der *Revista Interamericana de Bibliotecologia,* 2013, Vol. 36, Nr. 3.
Aus dem Spanischen von Marion Weiß

lich der Kenntnis, des Verständnisses, der Auslegung sowie der Genealogie des Denkens des kolumbianischen Philosophen dar. Ausgehend vom Prinzip, daß ein Buch, gemäß Aussage der Tochter des Schriftstellers, Rosa Emilia, „weder aufgrund seines bibliophilen Wertes noch aufgrund seines Preises, sondern ganz einfach weil sich Papa dafür interessierte“ angeschafft wurde, sollten wir die Bibliothek von Gómez Dávila als die Hauptquelle seiner Inspiration oder, besser gesagt, seiner philosophischen Meditation analysieren. Wie er selbst seinem Freund Mario Laserna (2001) anvertraute, als dieser ihn fragte: „Wo und wie fangen Deine Gedankenwege an? Er antwortete mir einmal: ‚Es ist so, als ob Du mich fragtest, warum ich diese eine Nase habe und keine andere. Ich weiß nicht... und habe auch kein Interesse, es herauszufinden ... Manchmal entstehen bestimmte Themen, mein Geist arbeitet sie zusammen mit diesen Herren aus – er zeigte auf die Bibliothek – und es ist eben dieser Rohstoff, den ich anschließend bearbeite.‘“

Seit Eröffnung des „Fonds Gómez Dávila“ im April 2011 in der Bibliothek Luis Angel Arango ist die *gomezdavilianische* Bibliothek nun zugänglich. Inspiriert durch die Recherchen, die in den Bibliotheken anderer Philosophen und insbesondere in jener von Nietzsche bereits getätigt wurden, der die Bedeutung des „Extratextes“ in Bezug auf den Text und dessen Konstitution betonte sowie die Bedeutung der Lektüren, der Bestimmung der oft impliziten und verborgenen Quellen des Denkens des deutschen Philosophen, möchten wir auf dieselbe Art und Weise die persönliche Bibliothek von Gómez Dávila analysieren, um die Quellen der Beeinflussung bzw. der Inspiration seines „escoliatischen“ Denkens herauszufinden. Ausgehend von der Hypothese, daß die Bücher seiner Bibliothek , das heißt die Hauptwerke des abendländischen Denkens, den impliziten Text, auf den sich Gómez Dávila in seinen Escolios bezieht, ausmachen, und daß der Bogotaner in erster Linie ein Leser war, lassen sich die wichtigsten Achsen seiner philosophischen Inspiration ermitteln.

Genauso scheint es uns eminent wichtig, die Lektüren von Nicolás Gómez Dávila aufgrund der Transzendenz, die der

„Extratext" für ihn hatte – möglicherweise als Schlüssel für die Interpretation des „impliziten" Textes anzusehen – zu studieren und zu analysieren. In diesem Sinne könnten wir die Escolios als einen „Metatext" im semiologischen Sinn auslegen, d. h. als Kommentar in der eigentlichen Bedeutung des griechischen Wortes *„scholion"*, einer Randnotiz am Text. Im Fall von Gómez Dávila ist es allerdings nicht der Kommentator, der im Gegensatz zur mittelalterlichen Tradition anonym bleibt, sondern der kommentierte Text selbst. Weit mehr ist der Text, worauf Bezug genommen wird, mehrschichtig und verborgen – eben „impliziert" –, obwohl er sich ggf. anhand des Katalogs seiner Bibliothek teilweise zurückgewinnen ließe. Obwohl in diesem Fall, wie wir feststellen konnten, keine Lesespuren wie z. B. Unterstreichungen bzw. Randnotizen zu finden sind und auch keine Notwendigkeit besteht, eine Rekonstruktion des Katalogs vorzunehmen, ermöglicht das Register seiner Bibliothek, die „Karte" der Interessen des kolumbianischen Philosophen zu trassieren und somit eine erste Kartographie der bibliographischen Quellen seines Denkens zu erstellen.

Es ist heute allgemein bekannt, daß Gómez Dávila als wichtigste Meister seines Denkens und vor allem seiner Denkmethode den französischen Philosophen Michel de Montaigne und den Schweizer Historiker Jacob Burckhardt – „meine heiligen Patrone Montaigne und Burckhardt" – anerkannt hat. Obwohl er diese eigentlich sehr wenig explizit zitiert hat (Burckhardt sieben Mal und Montaigne sechs Mal) besaß er deren Gesamtwerke sowie zahlreiche Essays über das jeweilige Denken beider Autoren, wobei das Studium seiner Bibliothek uns erlaubt, andere Denkquellen sowie weitere herausragende Schriftsteller zu identifizieren. Wenn wir andererseits das von Philippe Billé (2003, S. 31–37) erstellte Namensverzeichnis als Grundlage heranziehen, stellen wir fest, daß Referenzen auf Marx (24), Platon (20) und Nietzsche (18) im expliziten Text öfters vorkommen, wir wollen jedoch hier die bibliographischen Quellen dieser drei bedeutenden Autoren nicht analysieren und genau so wenig die ausschlaggebende Bedeutung der antiken griechischen oder lateinischen Autoren als Quelle der humanistischen Erziehung von Gómez Dávila oder der Geschichtswerke. Wir ziehen es eher vor, uns in einer ersten Annäherung auf ein bisher kaum beachtetes Gebiet des Denkens von Gómez Dávila zu konzentrieren und Überlegungen betreffend den impliziten Text, ausgehend von einer Gegenüberstellung Intertext/Metatext im Extratext der bibliographischen Quellen seiner politischen Philosophie, zu vertiefen.

Wir werden dabei im Rahmen einer Erstanalyse, selbstverständlich auf viel bescheidenerer Art, die bedeutende, von den Professoren Thomas H. Brobjer (1997, 2007, 2008) und Giuliano Campioni (2004), zwei Schülern von Mazzino Montinari, unternommene Aufgabe weiterführen, indem wir „die intensiven Lektüren des Philosophen ermitteln, die entschieden dazu beitrugen, den verborgenen Leitfaden seiner Texte festzustellen (Campioni, S. 11). Wie vom Letzteren so treffend erklärt, „könnte erst das Verlassen des Textes die Erfassung seiner Komplexität ermöglichen". Wenn im gegenständlichen Fall so gut wie sicher ist, daß wir die gesamte Bibliothek berücksichtigen, existieren weder ein Exzerpt der Lektüre – die Escolios selbst wären eher diese Exzerpte – noch, soweit wir beurteilen können, eine Briefsammlung. Anhand der expliziten bzw. hindeutenden Zitate (*Intertext*) und der impliziten Kommentare (*Metatext*) kann trotzdem der „geheime Leitfaden" des gomezdavilianischen Textes die politische Philosophie betreffend, wiederhergestellt werden.

Basierend auf den drei relevantesten Sprachen der Bibliothek und den drei Jahrhunderten mit dem größten Anteil (18., 19., 20. Jhdt) konnten wir sechs Strömungen identifizieren:

1. Die intellektuelle Schule der *Action Française* mit ihrem Lehrmeister Charles Maurras; 2. die französischen katholischen Gegenrevolutionäre, Legitimisten, Traditionalisten und Pamphletisten; 3. die Gegenaufklärung und die deutsche Romantik; 4. die Denker der „konservativen Revolution" bzw. des nebulosen deutschen Neo-Konservatismus; 5. die englischen konservativen Romantiker als Apologeten des Christentums und 6. der europäische intellektuelle und wirtschaftliche Liberalismus. Diese sechs Strömungen haben sich nach eingehender Analyse des Katalogs der gomezdaviliani-

schen Bibliothek herauskristallisiert, eine Analyse, in der sowohl die quantitative (wobei die Anzahl von Bänden jedes Autors nicht konsequent angegeben wurde) als auch die qualitative Ebenen durch Gegenüberstellung mit dem Text selbst, sei er auch implizit, vorgenommen wurde. Das heißt, wir konnten aufgrund dieser Recherchen den Einfluß der Lektüren auf die in den Escolios von Gómez Dávila kondensierten politischen Ideen ermitteln. Die aufgrund dieser Strömungen vorgenommene Neugruppierung geht sowohl von einer kulturell-linguistischen und historischen Logik (Maurras-Anhänger und Legitimisten aus Frankreich, Romantiker und Neokonservative aus Deutschland, Konservative aus England) als auch von einer eindeutig intellektuellen Filiation aus (Traditionalismus, Konservatismus, Liberalismus, Christentum), die Gómez Dávila zweifellos geprägt haben. Man hätte noch weiter gehen können, da wir auch einer – möglicherweise absurden – quantitativen Logik gefolgt sind, haben wir die Strömungen des hispanischen Traditionalismus (hinsichtlich seiner politischen Philosophie nicht sehr relevant) sowie die italienischen und russischen Autoren außer Acht gelassen, wobei Letztere als bedeutend zu betrachten sind (insbes. Berdiajew und Leontiew, obwohl sie in der Bibliothek keinen bedeutenden Platz einnehmen).

1. Die intellektuelle Schule um Charles Maurras

Bevor die *Action française* im Zuge der Dreyfus-Affaire am Ende des 19. Jahrhunderts zur politischen Bewegung wurde, hatte sie Charles Maurras selbst als Bewegung der ästhetischen Erneuerung geprägt, die – obgleich ursprünglich eng mit einer moralischen Erneuerungsbewegung verbunden – die Notwendigkeit der Schaffung dem meridionalen europäischen Geist eigentümlichen ästhetischen Formen vertrat, die, in sich klassisch, für den gesamten Mittelmeerbogen gültig wären. Jaume Vallorbe erinnert in einer intellektuellen Biographie Maurras' an den immensen Einfluß des provenzalischen Denkers auf einige der herausragendsten Intellektuellen und Künstler in der ersten Hälfte des 20. Jahrhunderts, nicht allein in Frankreich, sondern auch im Ausland, hier vor allem in der spanischen Welt mit Eugenio d'Ors, Manolo Hugúe, Josep Pla und den sogenannten *Noucentismo*, eine katalanische politisch-ästhetische Erneuerungsbewegung, nicht zu vergessen, obwohl er sie nicht erwähnte, die *Acción Española* von Ramiro de Maeztu.

Zweifellos ist Maurras einer der am zahlreichsten Vertretenen in der Bibliothek Dávilas mit 68 Bänden – wenn auch von Voltaire (73 Bde.: *Œuvres Complétes,* dazu 107 Bde. Korrespondenzen) und Goethe (55 Bde.: *Werke,* 15 Bde.: *Tagebücher,* 13 Bde.: *Naturwissenschaftliche Schriften,* 50 Bde.: *Briefe,* 13 Bde.: *Gespräche,* 6 Bde.: *Corpus der Goethe-Zeichnungen*) deutlich übertroffen – ohne noch die Arbeiten zu zählen, die seinem Werk gewidmet sind und die Bücher mit Vorworten von seiner Hand (81 Bde.). Wenn wir dazu noch die Bücher der sogenannten „Schule der Action française" rechnen (Léon Daudet, Jacqes Banville, Henri Massis und die der daraufolgende Generation mit Thierry Maulnier, Pierre Boutang, Philippe Ariès etc.) und jener, die Paul Sérant die „Dissidenten der Action française" nannte (Georges Valois, Louis Dimier, Jacques Maritain, Georges Bernanos, Robert Brasillach und Claude Roy; er erwähnt noch den Historiker Pierre Gaxotte und Maurice Blanchot, von dem Dávila allerdings nur Werke aus dessen späteren Periode als Literaturkritiker besaß), sehen wir welche Bedeutung der Kolumbianer diesem monarchischen Schriftsteller beimaß. Seltsamerweise aber bezieht er sich nicht ausdrücklich auf Maurras, außer ein Mal in negativer Weise. Die anderen Autoren werden im Text nicht erwähnt, nur Bernanos, der Dissident der sogenannten Schule, den er einer anderen Strömung zuordnet, den großen katholischen Pamphletisten, wie er sie in den *Notas* nannte,und auf die wir im nächsten Abschnitt eingehen werden. Im gleichen Werk Dávilas gibt es hingegen verschiedene Hinweise auf einen Autor aus dem Umkreis der *Action française*, auf Maurice Barrès, lobend zwar, aber auch zweideutig, ohne direkten Verweis auf dessen Stellung als Politiker, erst auf der Seite des Sozialismus, später dann auf der des Nationalismus.

Diese wiederholt vorkommenden Zitate in einem einzigen Werk, sehr selten bei Gómez Dávila, könnten vielleicht die These untermauern, wonach die Redaktion zu einem sehr frühen Zeitpunkt erfolgte, und zwar während der französischen Epoche, in welcher Barrès weiterhin großen Einfluß auf französische Literatur und Politik ausübte. Aufgrund des Vorliegens von Werken von Maurras und Autoren, die mehr oder weniger mit der *Action Française* verbunden waren, könnte das Gleiche behauptet werden. Es ist allerdings nicht ganz so leicht, den Einfluß von Maurras auf Gómez Dávilas Denken exakt einzuschätzen. Obwohl Dávila wie Letzterer anti-demokratisch denkt, unterscheidet sich seine Kritik insofern von jener von Maurras, als er sich mehr auf den „religiösen" Charakter der Demokratie fokussiert, was an die Denunziation der Demokratie durch Jacques Maritain erinnert. Ebenso wenig wie dieser teilte Gómez Dávila das Motto der „Politik zuerst" von Maurras, er trat viel mehr für die Überlegenheit des Spirituellen ein. Er hat die Monarchie auch nicht wirklich bewundert, den französischen Absolutismus noch weniger, der für ihn als Ursprung des modernen Staates anzusehen ist und auch nicht den Nationalismus mit etatistischem oder jakobinischem Antlitz eines Maurras. Dafür hätte Gómez Dávila jenen Satz von Maritain in dem Band *Primauté du Spirituel* „mit beiden Händen" unterschreiben können: „Nogaret ist der Vetter von Robespierre und Lenin". Ohne Zweifel eignete er sich jedoch diese *maurrassianische* Suche an, so wie sie Stéphane Giocanti so treffend beschreibt: „Was Maurras sucht (...) ist weniger die soziale Ordnung als die Vollkommenheit der Ordnung ontologisch betrachtet, die Ordnung als Siegerin über Chaos und Freiheitsdynamik, als Wunder im Geiste der Odyssee und Dantes, der das Wesen zum Blühen bringt, den Impuls der Schöpfung fortsetzend."

Als Bewunderer der Odyssee und sämtlicher Werke Homers wie Maurras, als Kritiker der französischen Revolution genauso wie dieser, übernimmt Gómez Dávila dessen Unterscheidung zwischen Freiheit und „Freiheiten" sowie dessen Bewertung der „schützenden Ungleichheit" – ohne den Begriff jemals zu verwenden – in einer hierarchischen Gesellschaft, die im Ancient Régime und, genauer gesagt, im feudalen System seine Referenz schlechthin sieht. Er teilt ebenfalls seine Bewunderung für den klassischen Stil in der Literatur. Die Poetik von Dávila schuldet Maurras und der französischen Romantischen Schule sehr viel, die von dem Philosophen der *Action Française* Jean Moréas als die Rückforderung des „griechisch-lateinischen Prinzips“ (von den Troubadours bis Chénier über Villon, Ronsard, Racine und La Fontaine) gegenüber dem Barockismus, der vom kolumbianischen Denker mit dem Modernismus gleichgesetzt wurde, zusammengefaßt wurde.

In seinem gesamten Werk lobt Dávila die Genügsamkeit und Trockenheit der französischen Sprache, ihre klassische Essenz im Gegensatz zum rhetorischen Charakter des Spanischen. Der Kolumbianer teilt jedoch weder den Haß auf die Romantik noch die Germanophobie des Martegalers und seiner neoklassischen Anhängern. Und wenn er das Mittelalter bewundert, handelt es sich, wie wir weiter sehen werden, eher um das germanische als um das italienisch-provenzalische Mittelalter. Nach dem französischen Klassizismus und der italienischen Renaissance sieht er die deutsche Romantik als drittes „reaktionäres Unternehmen“ der modernen Geschichte.

2. Französische Gegenrevolutionäre, Traditionalisten und Pamphletisten

Hinsichtlich der Ideologie sind sich diese drei Gruppen sehr nahe und unterscheiden sich eher aufgrund ihrer zeitlichen Präsenz. Die Ersteren, wie auch die Traditionalisten und allenfalls auch die Pamphletisten, stellen vor allem die Gruppe der monarchischen Doktrinäre dar, die, mit der Revolution konfrontiert, so reagieren wie ihre beiden berühmtesten Gegner Louis de Bonald (3 Bde.: *Œuvres complètes*)und Joseph de Maistre (14 Bde.: *Œuvres complètes*). Während sich Dávila nur ein einziges Mal auf den ersten bezieht, ist der Autor der *Abende von St. Petersburg* in seinem ganzen Werk zu spüren und nährt sogar latent die in den *Textos I (*1959, S. 145–149) enthaltene Kritik des Providentialismus. Antoine de Rivarol (5 Bde.: *Œuvres complètes,* 2 Bde.: *Œuvres choisies*) bekommt den Beinamen des „großen Moralisten der politischen Verwirrung", weil er den demokratischen Menschen beobachtet hat und stellt dessen historische Weitsicht jener von Möser und Burke gleich. Was Chateaubriand betrifft (25 Bde: *Œuvres complètes,* 6 Bde. der *Mémoires d'Outre-Tombe* und 5 Bde. der *Correspondance Générale)* sieht sich der legitimistische Autor mit dem Kardinal von Retz, dem Grafen Saint-Simon und dem Vicomte von Tocqueville gleichgestellt, allesamt Aristokraten und somit als „Bergkette mit den höchsten Gipfeln" anzusehen. Der Apologet des Christentums sieht allerdings Chateaubriand nicht als Verteidiger des *Ancien Régime* schlechthin. Es finden sich nämlich in seiner Bibliothek weit weniger bekannte gegenrevolutionäre Autoren bzw. Spezialisten wie Gabriel Sénac de Meilhan oder Jacques Mallet du Pan. Vorhanden sind ebenfalls Werke einiger Gegenrevolutionäre bzw. Legitimisten des XIX. Jahrhunderts (Edmond Biré, Pierre-Simon Ballanche und Antoine Blanc de Saint-Bonnet, ohne Referenz) und unter den Autoren, Journalisten und/oder Polemisten, Louis Veuillot (34 Bde.: *Œuvres complètes*), Villiers de l'Isle-Adam (11 Bde.: *Œuvres complètes*), Barbey d'Aurevilly (17 Bde.: *Œuvres complètes* u. 24 weitere), Léon Bloy (23 Bde.: *Œuvres complètes*) und Georges Bernanos im XX. Jhdt. (14 Bde., davon 6 *Œuvres* und 2 unveröffentlichter Korrespondenz). Allen diesen „Meistern der Gegenrevolution", um die Bezeichnung der *Action Française* zu verwenden, bzw. „katholischen Pamphletisten" nach der Bezeichnung von Dávila, müssen zwei weitere hinzugefügt werden, die weder katholisch noch Legitimisten waren, sondern vielmehr Traditionalisten oder Positivisten: Hippolyte Taine (die 12 Bde. der *Origines de la France contemporaine* und weitere 17) und Ernest Renan (9 Bde. *Histoire des Origines du Christianisme* und 5 Bde. *Histoire du Peuple d'Israel* und weitere 28 Bde.), auf welche im Werk von Dávila stets Bezug genommen wird, obwohl im Fall des Letzteren mit verächtlicher Färbung. Es sei hier vermerkt, daß sie alle von der *Action Française* in der ersten Hälfte des XX. Jhdt. „gerettet und erlöst" wurden als

Vorboten ihrer späteren intellektuellen Reaktion gegen die Ideen der Aufklärung.

3. Gegenaufklärung und die deutsche Romantik

Wie wir vorher sehen konnten, betrachtet Dávila die deutsche Romantik im Gegensatz zu Maurras als eine intellektuelle und literarische Bewegung von großer Transzendenz, u.a. aufgrund der Ablehnung der modernen Welt, die diese Strömung propagiert. Es ist wichtig, ihre Bedeutung als Quelle des Denkens von Gómez Dávila hervorzuheben, und zwar nicht nur auf der ästhetischen, sondern und vor allem auf der politischen und sogar metaphysischen Ebene. Das Gesamtwerk der vorzüglichsten Autoren der Romantik oder der Väter der Romantik – wie des *Sturm und Drang* - fand sich in der Bibliothek ebenso wie die Vertreter der Gegenaufklärung: Die Anreger Justus Möser (5 Bde.: *Sämtliche Werke*), Herder (23 Bde.: *Sämtliche Werke*), Johann Georg Hamann (5 Bde.: *Sämtliche Werke*); die Dichter Hölderlin (5 Bde.: *Sämtliche Werke und Briefe*), Novalis (4 Bde.: *Schriften*), Jean Paul (33 Bde.: *Sämtliche Werke*), Friedrich Schlegel (8 Bde.: *Sämtliche Werke)*, A. W. Schlegel (3 Bde.: *Werke*), aber auch die sogenannten romantischen „Politiker“ wie Friedrich von Gentz (3 Bde.), Adam Müller (5 Bde.), Joseph von Görres (5 Bde.: *Die christliche Mystik*), zudem noch Julius von Stahl oder Leopold von Ranke.

Daher ist es überraschend, daß diese bibliographische Transzendenz im Text oder auf der intertextuellen Ebene nicht deutlicher zum Vorschein kommt. Zusammen mit Rivarol und Burke erscheint Möser als typischer Reaktionär, sogar als „erster Reaktionär der modernen Geschichte“, weil er die mittelalterlichen Freiheiten und lokalen Bräuche gegen den keimenden Absolutismus verteidigt. Durch seine Bekehrung symbolisiert Hamann die Rückkehr Europas zum Christentum, Ranke die Mißbilligung der Fortschrittslehre in der Geschichte bzw. des sogenannten „Historismus“ und Herder die romantische Philosophie, die die „Wege der Welt“ wieder freimacht. Abgesehen davon wird im Werk häufig auf die Romantik als Bewegung, und zwar nicht nur auf die deutsche, Bezug genommen. Während Zitate aus der französischen Romantik, wesentlich liberaler und revolutionärer, kaum zu finden sind, wird von Dávila die religiöse und mystische Dimension sowohl der deutschen als auch der englischen Romantik unterstrichen: „Seit Blake, Wordsworth und der deutschen Romantik ist die moderne Poesie eine reaktionäre Verschwörung gegen die Entsakralisierung der Welt."

In einigen Escolios spürt man auch eine mehr soziale und politische Interpretation der literarischen Bewegung, die die Ideen der Aufklärung bekämpft hat. Hier übernimmt Dávila zweifellos die von den Romantikern geäußerten Kritiken an der modernen Welt, indem er den Unterschied (Ungleichheit oder Diversität) gegenüber der Einheitlichkeit (Gleichheit), die Natur gegenüber der Technik und das Besondere gegenüber dem Universellen aufwertet. In anderen Teilen des Werkes könnte auch auf den Einfluß der politischen Romantik hingewiesen werden, die in gewisser Hinsicht in seiner Auffassung des Staates bzw. der Nation zu spüren ist, sowie auf die ständige Bezugnahme auf Feudalismus und Reich als Musterbeispiele einer ausgewogenen Gesellschaft. An dieser Stelle wird spürbar, daß eine sehr starke romantische Sehnsucht nach dem römisch-germanischen Reich im Denken des Kolumbianers west. Gómez Dávila ist zugleich, ohne Zweifel, Erbe der angelsächsischen bzw. germanischen Romantik ebenso wie der griechisch-lateinischen Klassik.

4. Die Denker der „Konservativen Revolution"

Das Nebelhafte, genannt „Konservative Revolution", das sich in der Weimarer Republik bildete, war Erbe der deutschen Romantik. Es ist Erbe im spirituellen, mystischen, politischen Sinn der Gegenaufklärung. Die konservative Revolution ist fundamental antiliberal und antidemokratisch, wie die *Action française* der Epoche. Aber ihr philosophischer Hintergrund findet sich nicht in einem rationalistischen Klassizismus in der Art eines Maurras, sondern in der sogenannten „Lebensphilosophie", einem vitalistischen Antirationalismus. Daher steht sie dem alten deutschen Konservatismus und den „Reaktionären" fern, wie Thomas Mann, der kurze Zeit der Bewegung nahe steht, in seinen „Betrachtungen eines Unpolitischen" sagt, die sich nicht in den Dienst der Vergangenheit und der Reaktion, sondern in den der Zukunft stellt. Sie ist in dem Sinne konservativ, daß sie die deutsche kulturelle Tradition bewahren will, revolutionär, weil sie die Wurzeln des germanischen Menschen, den „Volksgeist" sucht, um die wahre Nation zu bauen, die sich in der „Volksgemeinschaft" verkörpert. Man muß hervorheben, daß die Bewegung, die in weiten Teilen vom Nietzscheanismus der Zwischenkriegszeit inspiriert ist – der in der Bibliothek und im Werk Dávilas sehr gegenwärtig ist –, eine zyklische Geschichtsauffassung vertritt. So ist für die „neuen" Konservativen die Zukunft immer eine Weise des Zurückgehens in die Vergangenheit, eine Aktualisierung oder Re-Aktualisierung der Ursprünge. Wenn Thomas Mann kurze Zeit ihr anerkanntester Vater sein konnte – ohne aufzuhören, Republikaner zu sein, wie auch die anderen bedeutenden Förderer der Bewegung Friedrich Meinecke und Ernst Troeltsch – so waren ihre wahren Beweger Stefan George und Arthur Moeller van den Bruck, der Schöpfer der Idee vom „Dritten Reich".

Ihre berühmtesten Vertreter waren Carl Schmitt, Ernst von Salomon, die Brüder Jünger, Martin Heidegger oder Othmar Spann. Aber diese Bewegung formte in ihren verschiedenen Strömungen einen wahren Astralnebel, der alle Geistesgebiete umfaßte: Philosophie, Geschichte, Soziologie, Anthropologie, Literatur, politische Wissenschaften etc. Wenn sich auch die Mehrheit der Vertreter nicht mit dem Nationalsozialismus kompromittierte, so gehörten doch einige der Partei an und erfüllten eine mehr oder weniger intellektuelle Aufgabe im Nationalsozialismus. Wenn Heidegger oder Schmitt das Parteibuch der NSDAP mehr aus Interessen als wegen der Ideologie nahmen, wenn Edgar Julius Jung in der „Nacht der langen Messer" ermordet und Othmar Spann von der Wiener Universität vertrieben und eingekerkert wurde, so stand ein Mann wie Alfred Baeumler durch seine Arbeiten zur Re-Interpretation Nietzsches im Dienste des Nationalsozialismus. Die Ideen von Paul de Lagarde z. B. hatten einen wesentlichen Einfluß auf die NS-Doktrin. Joseph Strzygowski oder Josef Weinheber bewunderten aufrichtig den Nationalsozialismus, weil er ihren Bestrebungen entsprach. Angesichts der Bestände seiner Bibliothek kannte Dávila diesen „Nebel" sehr gut, weil er das Gesamtwerk dieser Autoren besaß: Moeller van den Bruck (3 Bde.: *Das ewige Reich, Das Dritte Reich*), Oswald Spengler (*Der Untergang des Abendlandes, Politische Schriften, Jahre der Entscheidung, Deutschland und die weltgeschichtliche Entwicklung, Reden und Aufsätze*), Ernst Jünger (*Werke* 10 Bde., 4 sonstige Bde.),aber auch eine Menge anderer weniger bekannter Autoren, wie z. B: Ernst Bertram, Rudolf Borchardt, Heimito von Doderer, Gerhard Ritter oder August Winnig, was auf sein Urteilsvermögen oder auf einen guten Berater hinweist: Gómez Dávila war sehr eng mit Ernesto Volkening verbunden. Auch besaß er einige der ersten universitären Arbeiten zu diesem Thema: *Antidemokratisches Denken in der Weimarer Republik* von Kurt Sontheimer oder *Konservative Bewegungen zwischen Kaiserreich und Republik* von Klemens von Klemperer, letzteres auch in englischer Ausgabe.

Es würde hier zu weit führen, den Einfluß jedes Einzelnen, auch nur der wirksamsten und wichtigsten, nachzugehen, aber dieser Einfluß besteht ohne jeden Zweifel. Wenn durch die Arbeit einiger Autoren der Einfluß von Maurras und der *Action française* auf das Denken Dávilas ins Auge fällt, leider ohne auf Details einzugehen, so wird kein Einfluß des deutschen Neokonservatismus festgestellt, auch nicht durch Franco Volpi, der die Bibliothek des Autors besucht hat. Freilich gibt es keine direkte Referenz, weder textlich noch subtextuell, im Werk. Folglich müssen wir sie als Teil des „Extra- oder Außentextes" oder des impliziten Textes sehen, dann wieder besser als einen „verborgenen" oder „esoterischen". Der fundamentale Antiliberalismus des deutschen Neokonservatismus, der von allen Kommentatoren unterstrichen wird, interessierte Gómez Dávila, auch weil es ein Antiliberalismus war, der sich nicht gegen die ökonomische Freiheit stellte. Das Privateigentum wird von den Neokonservativen ebenso gefordert wie die Trennung von Staat und Gesellschaft. Zu Lasten ihrer Verbindung zum Romantizismus hatte die konservative Revolution eine zwiespältige Beziehung zur Technik, zumal eine ganze Gruppe einen wahren Kult mit der modernen Technik treibt, wofür Jeffrey Hert den paradoxalen Begriff „reaktionärer Modernismus“ benutzt. Hans Freyer, Ernst Jünger, Carl Schmitt, Werner Sombart und Othmar Spann unterliegen einer irrationalen Faszination durch die Technik, was bei Dávila nicht der Fall ist, der schärfer gegen die industrielle Zivilisation und die Herrschaft der Technik eintrat. Auch einige Autoren des deutschen Neokonservatismus kritisierten den Kapitalismus und die Industrialisierung, sie sehen die Technik als Verderberin der Seele und des Natürlichen, wie etwa Martin Heidegger. Der Antirationalismus oder die Kritik des Rationalismus ist ein gemeinsamer Wesenszug im Denken Dávilas und jenem des revolutionären Konservatismus, wie auch des Konservatismus im Allgemeinen, mit Ausnahme des Maurras'schen Denkens in seiner Wertschätzung der klassischen Vernunft.

Auch hinsichtlich Dávilas Bewunderung des Hl. Reiches hören wir ein Echo der neokonservativen Interpreten des „Dritten Reiches“ als letzlich erhofftes Wiedererstehen des germanischen Imperiums einer *renovatio imperii germanici* unter deutscher Führung und der Bildung eines Bundes der Nationen und Regionen.

5. Romantische Apologeten des Christentums und angelsächsische Konservative

Bereits im 3. Abschnitt haben wir die Bedeutung vor allem der deutschen Romantik für das Denken Dávilas gesehen. Es ist nicht nötig, auf dieses Thema weiter einzugehen, wohl aber hinzuzufügen, daß die im Text zitierten englischen Autoren in der Bibliothek stark präsent sind: Wiliam Blake (3 Bde.: *The Writings, Poetical Works* u. *The Marriage of Heaven and Hell*), William Wordsworth (7 Bde.: *Poetical Works, Literary Criticism*), Samuel T. Coleridge (4 Bde.: *Collected Letters*, 2: *Notebooks*, 2 *Complete Poetical Works*, 2: *Letters, Conversations and Recollections*, 8 weitere Bde.),

John Keats (5 Bde.: *Complete Works*, 2: *Letters and Poetical Works*) und W. B. Yeats (*Collected Plays, Collected Poems, Early Poems and Stories, Last Poems and Plays, Later Poems, Essays, Plays and Controversies, Letters on Poetry to Dorothy Wellesley* etc.). Aber diese große Autorengruppe wird ohne Zweifel durch drei große Apologeten angeführt: Gilbert Keith Chesterton (25 Bde.), seinem Freund Hilaire Belloc (20 Bde.) und C. S. Lewis (34 Bde.). Dávila zitiert den Ersteren und befaßt sich vor allem mit dem Zweiten in einer Passage der *Notas*, den er mit den Franzosen de Maistre, Veuillot, Barbey, Bloy und Bernanos in die Reihe der großen katholischen Pamphletisten und des großen katholischen Journalismus stellt. Auch die Werke des Historikers Christopher Henry Dawson und des Theologen John Henry Newman können zur Gruppe der christlichen britischen Apologeten gezählt werden.

Zu dieser Gruppe ist der Dichter und Kritiker T. S. Eliot zu stellen, obwohl er kein Polemiker ist. Sein gesamtes dichterisches und kritisches Werk findet sich in der Bibliothek ebenso wie seine Zeitschrift *The Criterion*. Er war auch ein Bewunderer von Maurras und der klassizistischen Erneuerung, obwohl er zusammen mit Yeats als Vertreter des Modernismus galt. Dávila unterstreicht, daß er wie Balzac und Baudelaire zu den „Reaktionären" zählt, welche auch zum Bestand der modernistischen Ästhetik gehören. Neben dieser wichtigen Bemerkung lobt er verschiedentlich dessen Lyrik, so auch in den *Notas*: „Bewundernswerter Eliot! Hat irgend ein anderer Dichter jemals eine derartige Wahrhaftigkeit erreicht?

Damit das Triviale einen ästhetischen Rang erreichen konnte, schien es gleichsam eine indirekte Beleuchtung zu benötigen: Zärtlichkeit, Liebe, Einfachheit, Humor, Transparenz des Göttlichen usw." (Notas, S. 347)

Edmund Burke, einer der von ihm am meisten bewunderten Autoren (16 Bde.: *Works*, 9 und 4: *Correspondence*) erscheint als Vertreter des Konservatismus, obwohl er Liberaler war: „Der Konservatismus ist der Liberalismus des intelligenten Menschen. Schon Burke begründete den Konservatismus, um der intelligenteste Whig zu sein." Obwohl sich

Dávila nicht als Konservativer sah, besaß er viele Texte den Tories oder derzeitigen englischen Konservativen verbundener Autoren.

Thomas Carlyle, eine weitere Quelle gegenaufklärerischen Denkens einer anderen Generation, nimmt eine privilegierte Stellung in der Bibliothek ein (20 Bde.: *Works*), obwohl er ihn nicht zitiert. Auch finden sich: William Blackstone (4 Bde.: *Commentaries on the Laws of England*), John C. Hobhouse (6 Bde.: *Recollections of a long Life*), Winston Churchill (6 Bde.: *Marlborough, his Life and Times* in zwei Ausgaben u.a.), Benjamin Disraeli (7 Bde.: *Novels and Tales*) Paul Elmer More (9 Bde.: *The Shelburne Essays* u. a.), Arthur James Balfour, Irving Babitt, Michael Oakshott u. a.

6. Der europäische politische und ökonomische Liberalismus

Abgesehen von den angelsächsischen Liberalen von der Art der Whigs eines Burke, unterhielt Dávila zum Liberalismus eine paradoxale, aus Bewunderung und Ablehnung gewobene intellektuelle Beziehung. Man könnte sagen, daß er eine Unterscheidung zwischen „authentischem" und „vorgeblichem" Liberalismus traf. Jedenfalls teilte er mit dem Liberalismus die Neigung für die Erhaltung einer starken Gesellschaft von Bürgern gegenüber einem allmächtigen Staat und die Verteidigung der Freiheit des Individuums gegen den Absolutismus, aber nicht den Individualismus, als das kleinere Übel. Aber seine politische Philosophie lag jenseits des Gegensatzes von Zivilgesellschaft und Staat, der den Liberalismus charakterisiert, oder deren Verschmelzung, der Besonderheit des Kollektivismus oder Totalitarismus. Seiner Ansicht nach entsteht der Staat aus der Gesellschaft selbst, wie es das Beispiel des Lehenswesens zeigte. Auf die gleiche Weise verteidigt er die Freiheiten oder die konkrete Freiheit eher als die Freiheit als abstraktes oder legales Konzept. Die Freiheit steht im Gegensatz zur Gleichheit, weil sich die erstere als Recht zur Verschiedenheit oder als Recht „anders zu sein" darstellt und die andere als Verbot, es zu sein. Folglich kann nur in einer authentisch freien und nicht egalitären Gesellschaft, die Unterschiede repektiert, ein authentisches Individuum entstehen. Deshalb liegt die Bedingung für die Entwicklung des Individuums in einer hierarchisch geordneten Gesellschaft. Nur in diesem Sinn kann der Individualismus Gültigkeit haben, weil der konsequente Individualismus die Hierarchie einschließt und der inkonsequente die Ähnlichkeit proklamiert und auf die Demokratie hinausläuft. Daraus entsteht für Gómez Dávila der größte Widerspruch des Liberalismus und daher auch seine Ablehnung der Demokratie als politisches System. Nur ein seiner demokratischen Elemente entkleideter Liberalismus ist für ihn wertvoll und konsequent.

Folglich findet sich die Kritik an „liberal" und „Liberalismus" generell im Werk Dávilas, auch gibt es viel Lob an besonderen Liberalen – viel mehr als am eigentlichen Liberalismus –, wenn es sich um hellsichtige Liberale handelt, die in seiner Sicht Kritiker der Demokratie und ihrer Exzesse sind. Anzumerken ist, daß alle von ihm bewunderten Liberalen aristokratischer Herkunft sind, wie Tocqueville und Burke.

Dávila betrachtet den Konservatismus als intelligenten Liberalismus, er definiert die Reaktion als realistischen Realismus, wörtlich als Übertragung der Prinzipien eines Constant, Humboldt, Mill, eines Tocqueville in eine realistische Sprache. Benjamin Constant (2 Bde.: *Ecrits et Discours politiques*, *De la Religion*, 14 andere Bde.), Alexis de Tocqueville (15 Bde.: *Œuvres complètes*) sind illustre intellektuelle Vertreter des historischen Liberalismus, die er der Reaktion zuzählt. Andrerseits wird seltsamerweise Montesquieu nie ausdrücklich erwähnt, von dem er 10 Bde. der *Oeuvres complètes* und 2 Bde. *Correspondance* besitzt.

Despektierlich und ungerecht behandelt er Ortega y Gasset (10 Bde.: *Obras completas*), der die aristokratischen Wurzeln des Liberalismus in den *Ideas de castillo* (*El Spectador*) entwickelt, was im Denken Dávilas wieder auftaucht.

Gewiß aus diesem Grund zeigt sich Dávila dem bürgerlichen Liberalismus gegenüber kritischer, dessen utilaristisch-merkantilistische Sicht er nicht teilt – man denke auch an die entschiedene Ablehnung Benthams. Die Kritik am Bürgertum, oder besser, an der bürgerlichen Mentalität dominiert zusammen mit jener des Kapitalismus sein Werk, Für ihn ist die industrielle Gesellschaft verantwortlich für die Erledigung der mittelalterlichen Gesellschaft.

Freilich finden sich in der Bibliothek auch Vertreter des nicht-reaktionären Liberalismus, wie Immanuel Kant (23 Bde.: *Gesammelte Schriften*) oder John Locke (10 Bde.: *Works*). Aus dem 20. Jahrhundert fällt der Liberale Raymond Aron mit 22 Bänden auf französisch ins Auge, die anderen Autoren gehören eher zur österreichischen volkswirtschaftlichen Schule oder zum deutschen Ordoliberalismus (Franz Oppenheimer, Ludwig von Mises, Wilhelm Röpke, Friedrich von Hayek, etc.), die zusammen mit den 10 Bänden der *Works and Correspondance* von David Ricardo das Interesse des Bogotaners für ökonomische Theorien, vor allem liberaler Herkunft, zeigen.

7. Conclusio: Der „implizite Text“, eine Kunst des Verbergens?

Diese erste Annäherung an die Bibliothek Gómez Dávilas scheint uns in allen Abwandlungen Beispiele zu geben von der Beziehung zwischen dem impliziten Text (texto implícito) – und der Intertextualität – und dem impliziten Text zum Außentext (Extratext) oder Metatext im Werk des kolumbianischen Denkers. Aber jenseits dieser Problematik der Distanz zwischen dem Text und dem Außentext führt uns die Untersuchung zu der Frage der möglichen Absicht des Autors, seine Quellen zu verbergen, um der Nachfolge oder Verfolgung zu entgehen – im Sinne des von Leo Strauss *Art of Writing* genannten Verfahrens. Zu einem Teil ist es die Absicht Dávilas, den impliziten Text zu verbergen, trotz des häufigen Bezugs zu ausdrücklichen oder anspielenden Zitaten (Intertextualität) und Nennungen. Tatsächlich sagt er in einer Scholie. „Was ich hier sage, mag dem trivial erscheinen, der nicht alles weiß, worauf ich hier anspiele.“ Wie wir gesehen haben, bezieht sich Dávila außer in den hier angegebenen Ausnahmen nirgends auf die Strömungen und Autoren, die seine politische Philosophie inspirierten, wie auf die deutsche Konservative Revolution und die Schule der *Action*

Française. Verfolgte er dabei eine esoterische Strategie im Sinne von Strauss?

Wenn wir den Status des Zitierens im Werk Dávilas analysieren, so gehorcht dieses einer besonderen Dialektik. Entweder zitiert er, wenn auch selten, einen Autor direkt, oder er nennt den Namen eines Autors für eine Anspielung oder um ihn anzugreifen, wie Nietzsche oft verfährt, oder er zitiert den Autor, ohne seinen Namen zu nennen, wie Montaigne bekennt, es oft gemacht zu haben – und fast immer mit Absicht. In der Tat spielt Dávila in einer doppelsinnigen Scholie, die Montaigne zitiert, auf die letztgenannte Figur der Intertextualität an und gibt damit vielleicht den Schlüssel zu seinem Verfahren: „Je veux qu'ils donnent une nazarde à Plutarque sur mon nez et qu'ils s'echaudent à injurier Sénèque en moi". Aber schon vorher hat er in wenigsten zwei Scholien des gleichen Bandes Erklärungen gegeben:

„Nur solche Zitate vermeiden, die sich derart in den Text integrieren lassen, daß sie auch wie Plagiate wirken." (Scholien, S. 153)

„Nichts Vergnüglicheres als unauffällig aus einem Text ein Zitat herauszulösen, damit der Ignorant über den Autor lästere, den zu kennen und zu verehren er vorgibt." (Scholien, S. 162)

Wir heben hier eine echte Strategie hervor, die sich unserer Ansicht nach zweifellos in eine *Art of Writing* in dem Sinne fügt, den ihr Strauss in seinem berühmten Essay gab, in dem er erklärte, daß die Absicht der Verfolgung der Literatur genau darin wurzelte, alle Autoren, die heterodoxe Meinungen hegten, zu zwingen, eine besondere Technik des Schreibens zu entwickeln und zwischen den Zeilen zu schreiben. Hierin können wir jene alusive Schreibtechnik Dávilas einschließen, die von Montaigne inspirierte Verdunkelung der Quellen, den berühmten „impliziten Text". Nicht daß Gómez Dávila je in Kolumbien politische Verfolgung erlitten hätte, er erhielt im Gegenteil Anträge, politische Ämter zu übernehmen, die er ablehnte. Dennoch wurde er bis vor kurzem von den akademischen Milieus seines Landes nicht anerkannt. Vielleicht verfocht er für seine Epoche zu heterodoxe Ansichten, die ihn dazu brachten, eine andere Weise zu suchen, seine Ideen mitzuteilen. Wie Strauss unterstreicht, ist es nicht nur die Furcht vor einer politischen Macht, die jemanden dazu bringt, Meinungen und Quellen zu verdunkeln, sondern auch der Glaube, daß es zwischen dem „Wissenden" und dem „vulgo" einen Abgrund gibt, der die Weitergabe der philosophischen oder wissenschaftlichen Wahrheit unmöglich oder nicht wünschenswert macht.

Ausgehend von der Strauss'schen Methode interessiert uns bei der Lektüre des Werkes von Dávila, mit einer Hypothese bei der Interpretation des „impliziten Textes" voranzukommen. Es wurde mit verschiedenen, auch legitimen Hypothesen über seine Bedeutung spekuliert, aber fast immer resultierten daraus Reduktionen, weil man einen Inhalt nur im Text selbst und nicht die Bedeutung im „impliziten" suchte. Im meta- oder intertextuellen Gebrauch der Bibliothek ist die Absicht offenkundig, bewußt die Quellen seines Denkens zu verbergen oder sich an eine besondere Gruppe seiner Leser zu wenden, an die Initiierten, die Gebildeten, an jene, die seine Prinzipien und Referenzen teilten. Man kann auch nicht vernachlässigen, daß der Gebrauch der Kurzform nicht allein einer stilistischen Überlegung, sondern jener esoterischen Strategie im Strauss'schen Sinne folgt. Erinnern wir uns, daß Dávila feststellt, daß der Aphorismus voraussetzt, daß Autor und Leser im selben diskursiven Universum leben. Wir müssen auch betonen, daß sich Dávila gegen die demokratische Kultur seiner Zeit an die „nachdenkenden Menschen" wenden wollte, an die „wachsamen Leser" in der Strauss'schen Terminologie: ein Autor, der sich nur an nachdenkliche Leser wenden will, muß in einer solchen Art schreiben, daß nur ein sehr wacher Leser fähig ist, den Sinn seines Buches aufzuspüren. Zum anderen gibt es in der Verfolgung dieser Strategie die klare ironische Absicht, im Text heimlich ein Zitat einzuschieben, durch das der Autor den Ignoranten anschwärzt, der ihn schätzt und zu kennen glaubt. Durch diese Technik der Täuschung verfolgt Dávila in einer anderen, ironischen Weise diese esoterische Strategie, um seine Leser auszusuchen. Corinne Pelluchon und Andere haben sehr gut die Verbindung der „Kunst des Schreibens" mit der politischen Philosophie bei Strauss hervorgehoben.

Besonders in der Spannung, die Strauss zwischen dem Philosophen und der *polis* sieht, zeigt er sich als beißender Kritiker der Massendemokratie. Von Sokrates bis Gómez Dávila haben wir in dieser esoterischen Strategie gesehen, die der Kolumbianer im Bezug auf einen impliziten Text anwendet, daß diese Frage noch immer offen ist.

Literaturhinweise

Badui-Quesada, H., „Apuntes para una biblioteca imaginaria: valor patrimonial y situación de las bibliotecas de Bernardo Mendel y Nicolás Gómez Dávila“. *Revista Interamericana Bibliotecologica* 30 (1), 167–184.

Billé, P. (Hg.), „Studia Daviliana“. La Croix Comtesse, 2003.

Brobjer, T. H., „Nietzsches Reading and Private Library“ 1885–1889. *Journal of the History of Ideas.* 58 (4) 663–693,1997.

Dávila, Nicolás Gómez, „Escolios a un texto implícito“, Bogotá 1977. Deutsche Ausg.: „Scholien zu einem inbegriffenen Text“, Wien (Karolinger) 2006

Dávila, Nicolás Gómez, „Escolios sucesivos a un texto implícito“, Bogotá 1992. Deutsche Ausg.: „Aufzeichnungen des Besiegten“, Wien (Karolinger) 1994

Dávila, Nicolás Gómez, „Nuevos Escolios a un texto implícito“, Bogotá 1986. Deutsche Ausg.: „Auf verlorenem Posten“, Wien, (Karolinger) 1992

Dávila, Nicolás Gómez, „Notas“, Mexico 1954. Deutsche Ausg.: „Notas. Unzeitgemäße Gedanken“, Berlin (Matthes & Seitz) 2005

Pelluchon, C., „Philosophie et Art d'écrire“, Klesis (19) 71–84

Strauss, Leo: „Persecution and the Art of Writing“, Glencoe (Ill.) 1952

Gesamt-Personenverzeichnis zu den deutschen Scholien-Ausgaben

A Scholien zu einem inbegriffenen Text
B Auf verlorenem Posten
C Aufzeichnungen des Besiegten
D Diese Ausgabe

Accursius, Franciscus (1182–1260) **B** 186
Achill **A** 44, 174
Acton, Lord John (1834–1902) **A** 209
Aischylos (525–456 v. Chr.) **A** 378
Alexander, der Große (356–323 v. Chr.) **A** 174, 346, 396
Amalrich (1145–1205) **D** 27
Amiel, Henri-Frédéric (1821–1881) **A** 174, 190
Aragon, Louis (1897–1982) **A** 109
Ariel **A** 566
Aristoteles (384–322 v. Chr.) **A** 117, 302, 308, 547; **B** 156, 179; **C** 104
Augustinus, Aurelius (354–430) **A** 190; **B** 157, 233, 243
Augustus (63 v. Chr. – 14 n. Chr.) **A** 314
Aulard, François-Alphonse (1849–1928) **A** 452
Austen, Jane (1775–1817) **C** 24
Averroës (1126–1198) **A** 401

Bacon, Francis (1561–1626) **B** 127
Balzac; Honoré de (1799–1850) **A** 111, 185, 264
Barnave, Antoine (1761–1793) **A** 221
Baudelaire; Charles (1821–1867) **A** 101, 111, 162, 198, 208, 325; **B** 181
Baur, Erwin (1875–1933) **A** 250
Beaumarchais, Pierre de (1732–1799) **A** 398
Benediktiner **A** 258, 269, 303, 323, 541
Bentham, Jeremy (1748–1832) **A** 53, 104
Béranger, Pierre-Jean de (1780–1857) **A** 232; **B** 236
Bergson, Henri-Louis (1859–1941) **A** 111
Berkeley, George (1685–1753) **A** 148
Bernhard v. Clairvaux (1091–1153) **B** 99
Biran, Maine de (1766–1824) **A** 190
Blake, William (1757–1827) **A** 98, 153
Boileau, Nicolas (1636–1711) **C** 12
Bonneville, Nicolas de (1760–1828) **B** 153
Bossuet, Jacques (1627–1704) **B** 182
Bourbonen **A** 299
Bradley, Francis Herbert (1846–1924) **A** 111
Bultmann, Rudolf (1884–1976) **A** 250
Burckhardt, Jacob (1818–1897) **A** 258, 366, 503; **B** 181, 260
Burke, Edmund (1729–1797) **A** 114, 156, 452; **B** 68, 136; **C** 72

Burton Robert (1677–1640) **B** 203
Bury, Richard de (1287–1345) **A** 319

Cäsar, Gaius Julius (100–44 v. Chr.) **A** 362, 506, 562; **B** 231
Caliban **A** 566
Calvin, Johannes (1509–1564) **A** 157
Casas, Bartolomé de Las (1484–1566) **A** 257
Celsus (2. Jh. n. Chr) **B** 65
Cervantes, Miguel de (1547–1616) **A** 9, 212
Chateaubriand, Francois-René (1768–1848) **A** 148; **B** 171, 128; **C** 16
Cicero, Marcus Tullius (106–43 v. Chr.) **C** 84
Comte, Auguste (1798–1857) **A** 203; **B** 181
Condorcet, Marquis de (1743–1794) **B** 149
Constant, Benjamin (1767–1830) **A** 190; **C** 98
Coriolanus, Gnaeus (vor 527–ca. 488 v. Chr.) **C** 70

Daniel, Prophet **B** 182
Dante, Alighieri (1265–1321) **A** 300
Darwin, Charles (1809–1882) **B** 104
Descartes, René (1596–1650) **A** 105, 114, 182, 261, 271, 308, 437f.; **B** 24, 254
Dilthey, Wilhelm (1833–1911) **A** 111; **B** 24
Diogenes Laertius (3. Jh.) **A** 11
Dominikaner **A** 135, 259
Dostojewsky, Fjodor (1821–1881) **B** 173, 181
Du Bartas, Guillaume (1544–1590), auch Bartas, Guillaume du **B** 236
Dubois, Pierre (1255–1321) **B** 186

Eliot, Thomas Stearns (1888–1965) **A** 111
Eluard, Paul (1895–1952) **A** 109
Engels, Friedrich (1820–1895) **A** 274
Epikur (ca. 341–271/70 v. Chr.) **B** 201

Fauchet, Claude (1744–1793) **B** 153
Faust **A** 207
Feuerbach, Ludwig (1804–1872) **A** 99, 245
Fichte, Johann Gottlieb (1762–1814) **A** 161
Flaubert, Gustave (1821–1880) **A** 176, 198, 245; **B** 181
Fourier, Charles (1772–1837) **A** 53
Fredegar, Scholasticus (7. Jhdt.) **A** 317
Freud, Sigmund (1856–1939) **A** 104, 219; **C** 51
Froissart, Jean (ca. 1337–ca. 1405) **A** 117

Galilei, Galileo (1564–1642) **A** 141; **C** 68
George, Stefan (1868–1933) **B** 227
Geymüller, Heinrich Adolf von (1839–1909) **B** 260
Goethe, Johann Wolfgang von (1749–1832) **A** 98, 126, 184, 245, 362; **B** 128, 255;
Gogol, Nikolai (1809–1852) 205
Goncourt, Edmond de und Jules de (1822–1896) und (1830–1870) **A** 162

Goya, Francisco de (1746–1828) **A** 282, 558
Gregor VII. (1025 bis1030–1085) **A** 284
Gundolf, Friedrich (1880–1931) **B** 255

Habsburger **A** 299
Hamann, Johann Georg (1730–1788) **A** 156
Hamlet **A** 207
Harnack, Adolf (1851–1930) **B** 229
Hegel, G. W. F. (1770–1831) **A** 127, 247, 395, 396, 453, 519; **B** 124, 128; **C** 18, 89, 104; **D** 38
Heine, Heinrich (1797–1856) **B** 143; **C** 26
Herder, Johann Gottfried (1744–1803) **A** 152
Helvétius, Claude (1715–1771) **A** 104
Hesiod (vor 700 v. Chr.) **A** 111, 469
Hofmannsthal, Hugo von (1874–1929) **B** 251
Holbach, Paul de (1723–1789) **A** 104
Homer (8. Jh. v. Chr.) **A** 38, 111, 205, 262, 300, 320, 550; **B** 202, 229
Horaz (65–8 v. Chr.) **C** 12
Hölderlin, Friedrich (1770–1843) **A** 98
Huizinga, Johan (1872–1945) **B** 151
Humboldt, Alexander von (1769–1859) **C** 98
Hume, David (1711–1776) **A** 168, 183, 227, 308

Irenäus von Lyon (ca. 135–202) **A** 276
Isokrates (436–338 v. Chr.) **B** 238

Jackson, Andrew (1767–1845) **A** 116
Johnson, Samuel (1709–1784) **B** 255
Jakob **A** 93, 229
Jakobiner **A** 189
Jeremias **A** 329
Jesuiten **A** 136, 440, 443
Johannes **A** 252
Justinus I. (ca. 450–527) **A** 276

Kant, Immanuel (1724–1804) **A** 148, 163, 182, 216, 496; **B** 70, 156, 254; **C** 50, 106
Karolinger **A** 258
Kierkegaard, Sören (1813–1855) **A** 101, 209, 227, 302, 308, 325; **B** 181; **C** 25
Knox, John (ca. 1514–1572) **A** 157
Konstantin, der Große (280–337) **B** 157; **C** 88
Kopernikus, Nikolaus (1473–1543) **A** 174

Lamartine, Alphonse de (1790–1869) **A** 209; **B** 126
Lamennais, Hugues de (1782–1854) **A** 232, 401; **B** 95
La Rochefoucauld, François de (1613–1680) **A** 151
Lawrence, David Herbert (1885–1930) **A** 464
Lazarus **A** 162
Lefebvre, Henri (1901–1991) **A** 452
Leibniz, Gottfried von (1646–1716) **B** 176
Leontjew; Konstantin (1831–1891) **B** 173
Lessing, Gotthold Ephraim (1729–1781) **A** 318

Locke, John (1632–1704) **B** 182
Louis Philippe (1773–1850) **A** 209
Ludwig XIV. (1638–1715) **A** 362
Ludwig XVI. (1754–1793) **A** 202; **B** 127
Luther, Martin (1483–1546) **A** 259

Macchiavelli, Niccolo (1469–1527) **B** 239
Machault, Guillaume de (ca. 1300–1377) **B** 236
Maistre, Joseph de (1753–1821) **A** 95; **B** 147
Mallarmé, Stéphane (1842–1898) **A** 64, 174, 262
Martha, Heilige **A** 162
Marx, Karl (1818–1883) **A** 56, 84, 104, 136, 137, 148, 156, 171, 219, 274, 327, 408, 423, 452, 501, 561; **B** 41, 92, 124, 156, 181; **C** 50, 51
Maurras, Charles (1868–1952) **B** 96
Mathiez, Albert (1874–1932) **A** 4, 52
Meinecke, Friedrich (1862–1954) **D** 38
Mercier, Louis (1740–1814) **B** 153
Merlin, Philippe de (1754–1828) **B** 186
Michelangelo (1475–1564) **B** 106
Michelet, Jules (1798–1874) **A** 209; **B** 119, 147
Mill, John Stewart (1806–1873) **C** 20, 98
Milton, John (1608–1674) **A** 176; **B** 167
Minerva **A** 364
Montaigne, Michel de (1533–1592) **A** 165, 258; **B** 13, 203, 255; **C** 94
Montesquieu, Charles de (1689–1755) **B** 149
Morley, John (1838–1923) **A** 300
Möser, Justus (1720–1794) **B** 68, 108

Neruda, Pablo (1904–1973) **A** 109
Newman, John Henry Kardinal (1801–1890) **A** 101, 183
Newton, Isaac (1642–1726) **A** 301
Nietzsche, Friedrich (1844–1900) **A** 11, 118, 126, 227, 302, 308, 325, 334, 355, 376; **B** 107, 120; **C** 104
Norden, Eduard (1868–1941) **B** 229

Ockham, Wilhelm von (1288–1347) **A** 496
Oedipus **A** 207

Paine, Thomas (1737–1809) **B** 20
Pasamonte, Ginés de **D** 28
Pascal, Blaise (1623–1662) **A** 569; **B** 13; **C** 72
Pater, Walter (1839–1894) **B** 251
Paul VI. (1897–1978) **A** 241, 319
Paulus **A** 252, 362, 487, 538; **B** 182, 198
Pelagius, Hl. (354–420) **B** 161
Petrarca, Francesco (1304–1374) **A** 11
Petrus **A** 252
Phaedra **A** 207
Picasso, Pablo (1881–1973) **A** 558; **B** 106

Platon (427–347 v. Chr.) **A** 107, 145, 156, 163, 182, 184, 232, 308, 320; **B** 28, 123, 136, 162, 235, 243, 254; **C** 106
Plutarch (ca. 50–125) **C** 94
Pontard, Pierre (1749–1832) **B** 153
Pope, Alexander (1688–1744) **A** 152; **C** 12
Popper, Karl (1902–1994) **D** 38
Porphyrius (ca. 233–305) **B** 65
Pöhlmann, Horst Georg (1933–) **B** 229
Präraffaeliten **A** 282
Prometheus **A** 98, 136
Prospero **A** 566
Proust, Marcel (1871–1922) **B** 227, 229, 255; **C** 24
Puschkin, Alexander (1799–1837) **B** 173
Pythagoras (ca. 570-nach 510 v. Chr.) **A** 130

Racine, Jean (1639–1699) **A** 218, 280
Ranke, Leopold von (1795–1886) **A** 325; **D** 38
Reimarus, Hermann Samuel (1694–1768) **A** 250
Renan, Ernest (1823–1892) **C** 47
Réstif de la Bretonne, Nicolas (1734–1806) **B** 153
Rimbaud, Arthur (1854–1891) **A** 262
Rivarol, Antoine (1753–1801) **B** 68
Rohde, Erwin (1845–1898) **B** 229
Rotarier **A** 95, 334
Rousseau, Jean-Jacques (1712–1778) **A** 111, 172, 464; **B** 136, 247
Ruskin, John (1819–1900) **B** 181

Sade, Donatien de (1740–1814) **A** 104, 290, 302; **B** 123
Sainte-Beuve, Charles-Augustin (1804–1869) **A** 100, 205, 401, 503; **B** 255
Saint-Just, Louis- Antoine de (1767–1794) **A** 375
Saint-Simon, Louis de (1675–1755) **A** 151
Saint Victor, Adam von (?–1146)
Sales, Franz von (1567–1622) **A** 117
Sartre, Jean-Paul (1905–1980) **A** 104
Schelling, Friedrich (1775–1854) **A** 111; **B** 173
Schopenhauer, Arthur (1788–1860) **A** 202, 395, 453
Schürer, Emil (1844–1910) **B** 229
Scott, Sir Walter (1771–1832) **A** 433
Seneca, Lucius Annaeus (ca. 1–65) **C** 94
Shakespeare, William (1564–1616) **A** 11, 218, 280, 300, 566
Soboul, Albert (1914–1982) **A** 452
Sokrates (470–399 v. Chr.) **A** 18, 308; **B** 188, 198, 204
Sophokles (ca. 497/96–407/06 v. Chr.) **A** 355
Spinoza, Baruch de (1632–1677) **A** 115, 250; **B** 86
Stendhal (1783–1842) **B** 228
Sully-Prudhomme, René (1839–1907) **B** 236

Taine, Hippolyte (1828–1893) **A** 156; **C** 100
Temple, Sir William (1628–1699) **A** 114, 151
Tertullian (ca. 160–255) **A** 277; **B** 161

Thersites **A** 262
Thomas v. Aquin (ca.1225–1274) **A** 228, 350; **B** 156
Thoreau, Henry (1817–1862) **A** 464
Thukydides (ca. 460–400 v. Chr.) **A** 366
Tolstoi, Leo (1828–1910) **A** 464
Tocqueville, Charles de (1805–1859) **C** 82, 98
Trevelyan, George (1876–1962) **C** 98
Tschaadajew, Pjotr (1794–1856) **B** 173

Ulpian, Domitius (?–223) **B** 252

Valéry, Paul (1871–1945) **A** 11, 164
Vergil (70–19 v. Chr.) **A** 145, 218
Vigny, Alfred de (1797–1863) **A** 98
Voltaire (1664–1778) **A** 408

Wilamowitz-Moellendorff, Ulrich von (1848–1931) **B** 229
Wilde, Oscar (1854–1900) **B** 251
Winckelmann, Johann (1717–1768) **B** 237
Wordsworth, William (1770–1850) **A** 98
Wundt, Wilhelm (1832–1920) **C** 97

Xenophon (ca. 430–355 v. Chr.) **B** 173, 202

Yeats, William Butler (1865–1939) **A** 38, 98, 262

Zeller, Eduard (1814–1908) **B** 229

KAROLINGER VERLAG
AUS UNSEREM PROGRAMM

Nicolás Gómez Dávila
SCHOLIEN
zu einem inbegriffenen Text
Aus dem Spanischen von Th. Knefeli und G. R. Siegl
Erste vollständige deutsche Ausgabe
600 Seiten, gebunden mit Schutzumschlag
ISBN 978 3 85418 117 5

Nicolás Gómez Dávila
EINSAMKEITEN
Glossen und Text in einem
Mit einem Nachwort von Franz Niedermayer
184 Seiten
Vergriffen, jetzt in „Scholien zu einem inbegriffenen Text“ enthalten

Nicolás Gómez Dávila
AUF VERLORENEM POSTEN
Neue Scholien zu einem inbegriffenen Text
Deutsch von Michaela Meßner
271 Seiten, gebunden mit Schutzumschlag
ISBN 3 85418 053 5

Nicolás Gómez Dávila
AUFZEICHNUNGEN DES BESIEGTEN
Fortgesetzte Scholien zu einem inbegriffenen Text
Deutsch von Günter Maschke, mit einem Aufsatz von Martin Mosebach
115 Seiten, gebunden
ISBN 3 85418 065 9

Nicolás Gómez Dávila
TEXTE UND ANDERE AUFSÄTZE
Aus dem Spanischen von H. Redondo, mit einem Nachwort von Till Kinzel
204 Seiten, geb. mit Schutzumschlag, vergriffen

Karolinger Verlag
Kutschkergasse 12/7, 1180 Wien
verlag@karolinger.at, Pagina Domestica: www.karolinger.at